JOVENS PERGUNTAM A DEEPAK

DEEPAK

CHOPRA

JOVENS PERGUNTAM A DEEPAK

TRADUÇÃO
Myrthes Lage

Rocco

AGRADECIMENTOS

A toda a equipe do Chopra Center
pelo amável suporte e por transformar
cada porção de conhecimento numa
realidade na vida de quem visita o centro.
Aos meus assistentes particulares:
Carolyn Rangel, Felicia Rangel,
James Rangel e Gabriela Rangel.
E à minha família pelo carinhoso apoio.

Para todos os jovens de hoje

e de amanhã, de quem depende

o destino do mundo

Título original
TEENS ASK DEEPAK: ALL THE RIGHT QUESTIONS

www.deepakchopra.com

Direitos para a língua portuguesa reservados com exclusividade para o Brasil à
EDITORA ROCCO LTDA.
Av. Presidente Wilson, 231 – 8º andar
20030-021 – Rio de Janeiro – RJ
Tel.: (21) 3525-2000 – Fax: (21) 3525-2001
rocco@rocco.com.br
www.rocco.com.br

Printed in Brazil/Impresso no Brasil

PREPARAÇÃO DE ORIGINAIS
Fátima Fadel

PROJETO GRÁFICO E DIAGRAMAÇÃO
FA Studio

CIP – Brasil. Catalogação na fonte.
Sindicato Nacional dos Editores de Livros, RJ.

C476a

Chopra, Deepak, 1946-
Jovens perguntam a Deepak / Deepak Chopra; tradução de Myrthes Lage. – Rio de Janeiro: Rocco, 2011.

Tradução de: Teens ask Deepak: all the right questions
ISBN 978-85-325-2631-1

1. Adolescentes – Conduta. 2. Adolescentes – Vida religiosa. I. Título.

10-6703 CDD– 155.5
CDU– 159.922.8

SUMÁRIO

Cada criança que nasce é a prova de
que Deus não desistiu dos seres humanos.

— Rabindranath Tagore

INTRODUÇÃO

Faça todas as perguntas certas

Ligue a TV a qualquer dia da semana. O que vê? Adolescentes grudados em um videogame ou circulando pelos shopping centers. Adolescentes que odeiam a escola e debocham de todos que são diferentes deles. E, quando tentam parecer engraçados, acabam ficando espirituosos demais para os professores e atrevidos demais para seus pais.

Em outras palavras, são desalmados.

Minha experiência, entretanto, diz outra coisa. Os adolescentes se preocupam com suas almas mais do que qualquer outro grupo social. A vida é uma charada que eles anseiam decifrar, contudo se sentem confusos em relação a ela. Eles querem realmente saber quem são. Estão velhos o bastante para não aceitar as explicações dadas às crianças quando os grandes questionamentos surgem:

Para onde a minha vida está indo?
Deus realmente existe?
Por que Ele permite que tantas coisas ruins aconteçam?
Sou importante?
Como irei me sobressair um dia?

Caso você seja um adolescente e esteja com este livro nas mãos, todas essas questões um dia passaram rapidamente por sua cabeça. Mas aposto que, desde o primeiro momento em que foram colocadas, em algum ponto da sua infância, a maioria das respostas que você recebeu não tem mais serventia hoje em dia.

Este não é um livro que explica sobre a ida da vovó para o céu quando morrer ou sobre a ira de Deus quando se roubam biscoitos do pote. Sempre que converso com adolescentes, eles dizem ter ouvido esse tipo de coisas quando crianças. Descobriram algo muito verdadeiro: os adultos tremem diante dos grandes questionamentos, especialmente dos questionamentos espirituais. Eles não querem que seus filhos se preocupem, então se limitam a dizer sempre a mesma coisa: "Não se preocupe. Está tudo bem."

E as grandes questões continuam vindo à tona. Em qualquer idade, todos precisam saber como a vida é de verdade. Não apenas superficialmente, mas em sua essência.

Os adolescentes não são exceção. Merecem uma vida espiritual própria, que ofereça o conforto que desejamos proporcionar aos nossos filhos, porém, ao mesmo tempo, diferente. Mais cheia de ideias. Mais madura. Mais adequada à amplitude do futuro que os aguarda.

Foi isso que tentei fazer neste livro, da forma mais abrangente e honesta possível. Nem todas as respostas são agradáveis. Deus deixa as coisas ruins acontecerem? Sim; nem sempre, mas muitas vezes. Isso significa que Ele é cruel? Não, mas dá o que pensar, pois uma pessoa que fica sentada deixando as coisas ruins acontecerem é normalmente cruel. Por que Deus então é diferente de uma pessoa? Falemos sobre isso.

Esse é o tipo de discussão que vamos encontrar nestas páginas desafiadoras, mas não vem apresentada em grandes palavras ou belos pensamentos que, na verdade, não são todos verdadeiros. É baseada nas perguntas que, de fato, me são feitas por adolescentes. Algumas são dirigidas a mim, em palestras. Outras foram formuladas à mesa do jantar, pois meus filhos, Gotham e Mallika, tinham montes de perguntas quando eram adolescentes (agora estão casados e felizes, com suas próprias famílias). As demais questões foram levantadas na internet, onde um website foi criado para convidar os adolescentes a perguntar tudo que quisessem saber sobre espiritualidade.

Assim, aqui está o que você pediu. Não apenas respostas para as grandes questões, mas um guia espiritual criado a partir da visão dos adolescentes, um grupo especial da sociedade que merece uma vida espiritual diferente de qualquer outra que tenha existido até então. Eu saúdo sua singularidade e o convido à leitura.

1

Como o Espírito Funciona

(... E COMO FUNCIONA)

Eu estava rapidamente verificando uma pilha de perguntas formuladas por adolescentes, e uma delas se destacou: muito fácil de responder, e também tão importante que eu senti que precisava começar por ela.

Querido Deepak,

Se você pudesse mudar alguma coisa na história de nossa Terra, o que seria?

Essa pergunta veio de um adolescente de 14 anos. Que tal se você perguntasse isso não a mim, mas a si mesmo? Deve haver um monte de mudanças que deseja. Deve desejar que ninguém houvesse descoberto a arma de fogo, uma vez que isso levou a um imenso e terrível aumento das guerras. Deve desejar que a medicina tivesse descoberto a cura para doenças há séculos, ou que cada bebê nascido tivesse uma vida produtiva.

Minha resposta, entretanto, seria diferente. Reduzida a uma única opção, eis a minha: Desejo que todos saibam, desde o nascimento, que todo ser humano possui uma alma.

Talvez você não considere isso uma grande mudança. Todos não sabem que têm uma alma? Certamente todos – ou quase todos – *ouvem* que possuem uma alma. Ouvir e tomar conhecimento são duas coisas diferentes.

Se você realmente soubesse que tem uma alma, poderia mudar o mundo. É para isso que o convido. O mundo está mudado em sua essência. Todas as grandes personalidades que você pode imaginar tornaram-se grandes em sua essência. Albert Einstein tornou-se grande sonhando sobre uma nova forma de tempo e espaço. Leonardo da Vinci tornou-se grande imaginando invenções que não foram aceitas por centenas de anos (você sabia que ele fez o esboço de um helicóptero quatrocentos anos antes de os irmãos Wright aprenderem a voar?) e tendo uma nova visão sobre a forma de pintar.

Sim, há um novo tipo de grandeza que o aguarda aqui e agora, mesmo que você pense que é uma pessoa simples, uma pessoa comum. É a grandeza de viver de acordo com a sua alma. O que isso significa?

Vivendo em conformidade com a alma

Imagine que você pudesse ter um pensamento e que ele se tornasse realidade.

Imagine que pudesse se sentir seguro e em paz, independentemente do que acontecesse ao seu redor.

Imagine que pudesse se amar tanto quanto gostaria que os outros o amassem... e mais.

Imagine que pudesse acordar todos os dias para saudar um mundo novo.

Imagine que pudesse sentir a presença de Deus.

Qualquer um que conquistasse estas coisas seria considerado um grande sucesso na vida. Estou quase certo de que, como adolescente, você se preocupa com a maneira de construir uma vida boa para você. Pode parecer um projeto incrivelmente difícil. Contudo, se todas essas coisas que lhe pedi para imaginar se tornassem realidade, isso não seria um verdadeiro sucesso? Viver em conformidade com o plano da alma não significa ser bonzinho e esperar que Deus perceba e sorria para você. Significa que as melhores coisas da vida podem ser conduzidas por você.

Um menino de 15 anos fez uma pergunta, básica, realmente importante:

Querido Deepak,

Qual é a diferença entre religião e espiritualidade?

Para mim, não é preciso que haja nenhuma diferença. Ser religioso e espiritualista pode e deve ser a mesma coisa. Precisamos, no entanto, ser realistas, e religião quase sempre significa uma fé tradicional como o cristianismo, islamismo ou judaísmo. É praticada em grupos. Acontece em igrejas, mosteiros ou sinagogas. Há regras e crenças estabelecidas, em torno de padres, escrituras e cerimônias.

Espiritualidade, por outro lado, não exige um grupo. É praticada por cada pessoa de uma vez, quase sempre de forma privada. Acho que cada pessoa espiritualista lê escrituras inspiradoras, muitas vezes provenientes de diferentes tradições religiosas. Essa pessoa pode ou não ir à igreja. Pode ou não conhecer as crenças que orientam a fé. Você pode, portanto, ser profundamente espiritualista e, no entanto, não ser um "bom" católico, judeu ou muçulmano. Este não é um livro sobre religião. É sobre o lado espiritual, a vida privada da alma.

Um teste espiritual

P: Acho que sou espiritualista, mas não tenho certeza, especialmente quando as coisas começam a dar errado. Daí, sinto-me realmente só. Dependo apenas de mim mesmo, mesmo confuso.

R: Acho que o que torna o espiritualismo real é a mudança. O espiritualismo muda a pessoa, e quando a mudança é muito grande pode ser chamada de transformação. Os contos de fadas falam de um profundo desejo das crianças por mudanças: sapos que se transformam em príncipes, patinhos feios que se transformam em cisnes. O surpreendente sobre a natureza humana é que somos as únicas criaturas na Terra que podem se autotransformar apenas porque temos vontade. Uma lagarta não tem outra escolha a não ser se transformar em uma borboleta. Você tem escolha.

Eis um teste para lhe mostrar quantas coisas em sua vida – coisas que provavelmente você considera definidas – poderiam ser transformadas. Mais adiante, então, poderá ver o que o espírito poderia fazer exatamente agora por você.

O que o Espírito pode fazer por você?

INSTRUÇÕES

Coloque uma marca ✓ ao lado de cada frase com a qual você concordar na maioria das vezes. Depois, confira seu resultado (máximo 25 pontos), contando o total de números de marcas.

☐ Me preocupo com a aparência do meu corpo.

☐ O que os outros pensam sobre o meu corpo é importante.

☐ Se eu tivesse um corpo melhor, as pessoas gostariam mais de mim.

☐ Deveria malhar pesado para ter um corpo melhor.

☐ É sempre melhor ter mais dinheiro.

☐ Se não tiver dinheiro, a pessoa não será capaz de levar uma vida boa.

☐ Minha personalidade incomoda as pessoas, e eu desejo mudar isso.

☐ Ser aceito pelos outros é realmente importante para mim.

☐ Não vale a pena ir contra o grupo. As pessoas vão rir de você ou inferiorizá-lo.

☐ Se eu puder comprar o que quero e fazer o que gosto, serei feliz.

☐ O mais importante é se auto-observar, pois ninguém mais o fará.

☐ Quando as coisas ruins acontecem, pode ser um castigo de Deus.

☐ O mundo não é seguro. É realmente importante manter-se na defensiva.

☐ Gosto de fantasiar, me vendo rico e famoso como uma estrela do rock ou uma celebridade.

☐ Quando você realmente olha a vida, ela não é justa.

☐ Quando penso na palavra *poderoso*, ela não se aplica a mim.

☐ Frequentemente custo muito a me motivar.

☐ Não tenho certeza no que realmente acredito.

☐ Não acho que de fato eu tenha uma visão da minha própria vida.

☐ Secretamente, olho algumas pessoas de cima a baixo. Sei que sou melhor do que elas.

☐ Gosto de quem gosta de mim. Caso a pessoa não goste de mim, também não gosto dela.

- [ ] Tenho medo da morte.
- [ ] Fico facilmente entediado, especialmente se ninguém estiver prestando atenção em mim.
- [ ] Preciso ter o que desejo, e tenho certeza de que terei.
- [ ] Se me perguntarem do que me orgulho, é de todas as coisas legais que possuo, como meu PlayStation, a casa da minha família e o carro.

[ ] **Pontuação total**

RESULTADOS

0 – 10 Pontos

Você é espiritualmente maduro para sua idade. Comparado com a maioria dos adolescentes, não se sente inseguro e não depende muito da opinião alheia ou da aprovação dos outros. Você tem a noção de que há coisas mais importantes do que dinheiro e popularidade. Seu senso de segurança será uma excelente base para a jornada espiritual que está por vir.

11 – 20 pontos

A espiritualidade pode contribuir muito para fazer com que você se sinta mais seguro e feliz. Agora você depende muito da aceitação do grupo e da certeza de que terá coisas confortáveis em sua vida. A imagem do seu corpo é importante, pois você não quer parecer diferente e, secretamente, deseja ser perfeito. Você valoriza o exterior porque quase todos que conhece também o fazem.

21 – 25 pontos

Você está ávido por espiritualidade, mesmo que possivelmente não saiba disso ainda. O que sabe é que tem pavor de não ser aceito. A pressão do grupo não ajuda, porque você anseia tanto por ser aceito que qualquer tipo de reação negativa o torna infeliz. Em suas fantasias, deseja o máximo possível de riqueza, fama e sucesso já que não vê realmente outro caminho para a felicidade. Para você, o contato com sua alma trará muito mais segurança e paz de espírito se abraçar uma jornada espiritual e não ficar desencorajado.

Depois de fazer esse teste, talvez queira perguntar: "O que o espiritualismo tem a ver com essas questões? Você nem sequer mencionou a alma, e Deus apareceu apenas uma vez." Não mencionei espírito porque, para mim, ser espiritualista é se autoconhecer e descobrir os profundos segredos da felicidade. Quanto mais você busca a felicidade em coisas externas, mais distante fica de sua alma. A adolescência traz todo tipo de pressão da sociedade, e, para a maioria das pessoas, a adaptação ao grupo estabelece o desempenho para o resto de suas vidas adultas. Também é, entretanto, uma excelente fase para aprender a se tornar introspectivo e descobrir o que está acontecendo de verdade em seu íntimo.

Houve um famoso estudo médico pelo qual milhares de pessoas formadas em Harvard foram orientadas pela vida afora, desde a universidade até completarem cinquenta anos ou mais. O estudo queria encontrar explicações para a ocorrência de tantos ataques cardíacos prematuros em homens (o estudo começou na década de 1950, quando houve a maior epidemia de ataques cardíacos nos Estados Unidos).

Você talvez pense que os ataques cardíacos costumam acometer pessoas mais estressadas, com uma dieta ruim ou um histórico de doenças cardíacas familiares. Esses fatores certamente contribuem. Contudo, o fato surpreendente é que, segundo esse estudo, o maior risco não era nenhum desses. Dependia se a pessoa dedicava um tempo para cuidar realmente de si mesma ou não. Homens que encaravam seus conflitos íntimos e problemas muito cedo, na faixa dos vinte anos, tinham menos probabilidade a ataques cardíacos. Em homens que evitavam se autoanalisar a incidência era maior.

Esse estudo muito me impressionou quando comecei na medicina, porque vi que algo invisível fazia uma imensa diferença para os corpos humanos. Os pensamentos estavam matando pessoas, se você refletir bastante sobre isso, enquanto a mudança desses pensamentos ajudava seus corações a permanecerem vivos. Isso é uma grande indicação de que a vida espiritual é, de fato, a melhor vida que se pode levar, mesmo em nível físico.

Deus por um Dia

P: Se pudesse ser Deus por um dia, você seria?

R: Quando vivemos focados na alma, ficamos o mais próximo possível de ser Deus. E, não apenas por um dia. Sua alma é perpétua. Está sempre com você, sempre exigindo que você venha a ser mais do que imagina que possa ser. Claro que, na verdade, ninguém pode ser Deus – eu passei por momentos difíceis apenas imaginando como seria ser Deus por um dia. Deus é infinito, e não posso me imaginar sendo infinito. Deus sabe tudo ao mesmo tempo. Deus está acima do tempo. Deus está em cada átomo da criação. Também não consigo imaginar essas coisas.

Posso me imaginar, no entanto, tocando minha alma com minha mente e meu coração. Quando faço isso, minha pequena centelha de Deus está presente em mim. Dessa forma, não preciso me perder em imaginações – posso ter uma vida espiritual de verdade. E você também.

Muitas pessoas não percebem isso por não conhecer de fato suas próprias almas. Em primeiro lugar, sua alma é invisível.

Você sabe que tem um rosto e mãos, e que fazem parte de seu corpo. Ninguém precisa lhe dizer essas coisas. Sabe que tem sentimentos, mesmo que sejam invisíveis, e pensamentos em sua cabeça. Ninguém precisa lhe dizer isso tampouco.

Almas adormecidas

Muitas pessoas passam pela vida como se não soubessem que têm uma alma. Alguém lhes disse que têm, mas elas não se aprofundaram na ideia. Ou não muito intensamente. Nesses casos, a alma cresceu adormecida; ela criou uma espécie de Terra do Nunca, onde ainda permanece. Não pode ser vista por estar muito distante. Não se pode visitá-la ou ouvi-la, porque, seja onde for esta Terra do Nunca, ninguém sabe como chegar lá. Sendo assim, a alma é basicamente uma história bonita e, quando as coisas ficam tempestuosas, você pode sempre se voltar para essa estranha e invisível coisa chamada "sua alma", que é sua conexão com Deus. (E, para ser verdadeiramente honesto, parece que Ele está tão perto? Deus também vive em um lugar invisível longe da Terra, embora todos tenhamos ouvido na infância que, quando morremos, vamos para esse lugar para nos encontrar com Ele. Ou Ela. Seja justo e dê a Deus a oportunidade de ser ele ou ela – ou talvez ambos.)

Quero esclarecer esse mistério e trazer a alma de volta à Terra. Se pudesse me imaginar mudando a história do mundo, essa seria uma mudança que teria feito muito, muito tempo atrás. (Embora eu deva admitir que seria meio engraçado as pessoas ficarem procurando por suas almas. Então, talvez o mundo tenha sido criado perfeitamente, exatamente como é.)

O fato é que se você está lendo este livro, significa que já está procurando por respostas e buscando sua alma. Você está dentro do mistério. Está excitado, espero, pela caçada. Vamos caçar juntos, pois ao seu lado posso lhe mostrar em tempo real como o espírito funciona.

Sabendo disso, terá uma vantagem enorme, não apenas no campo da caçada espiritualista, mas no jogo da vida.

O espírito funciona

Para mim, isso é sempre prioridade. Se me perguntar se os anjos são reais, por exemplo, lhe darei minha opinião pessoal, mas também deixarei minha opinião de lado para dar uma resposta que lhe sirva.

Essas respostas farão com que você pense por si mesmo.

Elas serão honestas. Se eu não souber como solucionar um problema, certamente lhe direi.

E abrirão uma porta.

Uma porta aberta é tudo de que todos realmente precisam. Qual a utilidade deste livro se eu não abrir a porta da sua própria vida? Em relação aos anjos, ninguém pode afirmar: "Claro, anjos existem", ou dizer o contrário: "Anjos são uma bonita história na qual você pode acreditar se quiser, como os contos de fadas." Uma resposta é sim, a outra é não. Mas nenhuma das duas irá lhe trazer algo de bom. Você já sabe de antemão que algumas pessoas acreditam em anjos enquanto outras não.

Porém, se eu puder abrir uma porta em sua mente, talvez você possa um dia conhecer um anjo. Ou talvez explore tão profundamente seu desejo de encontrar um anjo que isso lhe trará uma grande paz. Ou uma visão. Ou uma estrada para o paraíso. Não sei exatamente aonde suas portas o levarão, mas sei que você precisa do maior número possível de portas abertas.

Uma história de anjo

Tenho uma boa história de anjo, no entanto. Logo após a Primeira Guerra Mundial havia um padre de uma velha cidade na França. Ele era muito querido por todos os moradores locais, que o consideravam muito piedoso e muito valente. Então, ele foi para as trincheiras com os soldados comuns, no calor da batalha, para que pudesse orar com eles. Algumas vezes precisava ministrar os últimos rituais para os jovens guerreiros, cuja maioria não passava de adolescentes.

Certo dia, o padre foi vítima de um ataque de gás de mostarda, um veneno que era pulverizado no ar e causava danos terríveis a qualquer parte do corpo em que tocasse. O gás atingiu os olhos do padre e ele perdeu grande parte da visão.

Transcorridos vários anos da guerra, o padre anda por uma estrada empoeirada. De repente, uma bicicleta vem correndo pelo canto, aproximando-se dele muito rápido. Não há tempo para o padre pular fora, e ele não enxerga o suficiente para saber que está prestes a ser derrubado.

Nesse exato momento, um estranho aparece do nada e suspende a bicicleta, com ciclista e tudo. Em seguida, gentilmente devolve a bicicleta ao solo e sai andando. O ciclista não pode acreditar no que acabou de acontecer, e conta na vila que aquilo foi um verdadeiro milagre. O estranho que apareceu do nada era um anjo. Entretanto, o velho padre, que aceita a história sobre o fato ocorrido, nunca dá uma opinião, contra ou a favor do anjo. Foi um anjo? Foi um milagre? O velho padre nunca disse.

Acredito, porém, que o padre teria rido de um famoso dito de Albert Einstein que salientava que há apenas duas formas de olhar o mundo: Como se nada no universo fosse um milagre ou como se tudo o fosse.

Quero lhe mostrar como enxergar da segunda forma.

O milagre maior

P: Se tudo é um milagre, por que eu nunca vi um milagre de verdade?

R: Você viu, apenas não o percebeu. Um milagre está acontecendo bem diante de seus olhos. Na verdade, é o milagre maior. É você. Jamais verá qualquer tipo de milagre até que comece a enxergar esse primeiro. Vamos fazer uma pequena viagem para o espaço exterior. Dê um pulo em seu quintal numa noite qualquer e olhe para o céu, parece com uma imensa faixa, é a Via Láctea, nossa galáxia. Ela contém bilhões de estrelas e, apesar de, a olho nu, parecerem próximas, na verdade cada uma delas está a vários anos-luz da outra.

Seu corpo é um milagre

Agora, considere o seguinte: seu corpo possui milhões de células para cada estrela da Via Láctea. Em vez, porém, de flutuarem no espaço, como estrelas, esses trilhões de células se comunicam umas com as outras. Elas sabem exatamente o que cada uma das outras células está fazendo. Bilhões de mensagens lançadas de seu sistema nervoso, de seu sistema circulatório e de todas as outras partes do seu corpo. Você não consegue inspirar o ar para seus pulmões sem que isso seja de conhecimento de seu cérebro, de seu fígado ou mesmo da menor célula de sangue do dedo mindinho do seu pé.

Isso é apenas o começo do milagre. Agora mesmo seu cérebro está lendo estas palavras (também está fazendo centenas de outras coisas simultaneamente, mas só podemos falar de um milagre de cada vez). Seu cérebro utiliza apenas um nutriente básico para fazer tudo que faz; um nutriente chamado glicose, ou açúcar do sangue. Agora, o açúcar do sangue não é diferente do açúcar branco do seu armário da cozinha. Tire aquele saco de açúcar da gaveta e peça que ele pense. Peça-lhe para ler um livro ou se apaixonar. Ele não é capaz, não importa quanto tempo você espere. Como o açúcar do sangue aprendeu a se apaixonar? Não há explicação. O milagre do seu corpo abriga muitos, muitos outros milagres.

Já que está convencido, permita-me dar outro surpreendente exemplo. Os elementos sódio e cloro são duas essências abomináveis. O sódio é extremamente venenoso e o cloro é um gás tão tóxico que uma simples inalada dele iria imediatamente começar a matar as células do seu nariz. O que se obtém com a combinação de sódio e cloro? Sal, um elemento químico totalmente necessário à vida. Ninguém pode explicar isso.

O maior milagre

Aqui está você, então, o maior milagre da existência. Eu poderia prosseguir indefinidamente falando de milagres. Ninguém pode explicar como o DNA aprendeu a se dividir e a se multiplicar. Estou certo de que você já sabe como isso acontece desde que um bebê é formado, quando uma célula da mãe fertilizada no útero materno divide-se mais e mais para produzir bilhões de células em um bebê recém-nascido. Nenhum outro elemento químico pode se autodividir ou se automultiplicar. No mínimo por dez bilhões de anos após o Big Bang, o universo prosseguiu perfeitamente, pleno de gases, líquidos e sólidos que jamais duplicaram um átomo sequer. Até o DNA, que possui bilhões de minúsculas partes que se autoduplicam a cada segundo dentro de você.

Se você é o melhor milagre, logo não é demais para você questionar outros mistérios. É sem dúvida assim que o espiritualismo funciona. Você percebe um milagre e ele o conduz para uma trilha de caça por mais. A viagem começa pela percepção de que você é um milagre. Se em algum momento esquecer esse fato, pare e retome essa ideia. Lembre-se mais e mais. Porque caminhar pela trilha dos milagres nem sempre é fácil. Há muitos altos e baixos. Por mais confusa que a vida se torne, seu milagre pessoal persistirá, em bilhões e bilhões de células. Você é prova viva de que milagres existem. É uma coisa maravilhosa para se lembrar em qualquer idade.

Acionando o botão

P: Por que não me sinto como se eu fosse um milagre?

R: Você não se sente como um milagre porque ainda não acionou o botão espiritual. A vida são escolhas, e algumas pessoas passam anos após anos sem acionar o botão. Elas, portanto, não veem absolutamente milagre algum. Imagine um quarto escuro à noite. Você entra, mas não pode ver coisa alguma. Então você clica no interruptor e na mesma hora as coisas que estavam no escuro podem ser vistas. Até aqui, o que você realmente fez? Aquele botãozinho na parede é conectado a uma estação de força distante. Uma enorme energia é gerada na estação, toda controlada pelo toque de um dedo. Sem o interruptor você jamais saberia que poderia chegar a um suprimento tão grande de energia.

O poder espiritual é como a eletricidade; pode fazer um monte de coisas funcionarem. Ao contrário da eletricidade, porém, pode-se dizer que o poder começa com Deus ou com o próprio espírito. Não me importo com o termo que usar... todos são bons termos. A chave é decidir acionar o botão. É o único caminho para enxergar os milagres que você poderia estar produzindo.

A fonte do poder

P: **Que tipo de poder é o poder espiritual?**

R: Essa é uma questão considerável, porque o poder espiritual está em toda parte. Ele não é percebido porque de certa forma está oculto atrás de uma tela. O espírito parece que gosta de se esconder, apesar de também gostar de se mostrar. Para fazer com que ele saia do esconderijo, você deve começar a prestar atenção a uma parte diferente da vida. Já mencionei que o açúcar do sangue em seu cérebro não é em nada diferente do açúcar branco comprado na loja. Não lhe disse, entretanto, qual é na verdade a diferença. O açúcar do sangue possui poder espiritual. Na realidade, todos os átomos e moléculas em seu corpo possuem o mesmo poder espiritual, portanto vamos olhar para eles um pouco mais.

Um mistério a cada respiração

Observemos o ar. O ar à nossa volta é extremamente maravilhoso. Quando estiver dando a próxima respiração, você estará inspirando átomos que alguém na China expirou alguns dias atrás. A cada respiração estará levando diversos átomos respirados por Jesus Cristo e Buda. O mais espantoso, porém, é o seguinte: quando você inspira um átomo de oxigênio, ele é invisivelmente preenchido por poder espiritual. O átomo começa como um pouco de matéria morta e sem sentido flutuando pelo mundo. Mesmo assim, no instante em que adentra seus pulmões, ele se torna vivo. Ele se autoadere a uma célula vermelha do sangue e começa a trabalhar. Após três segundos, ele poderia estar fornecendo energia ao seu coração, ou abastecendo um pensamento, ou desempenhando milhões de outras tarefas.

A vida acontece inacreditavelmente rápido. Suas células dispõem de apenas três segundos de oxigênio em seu interior, logo esse pequeno átomo de oxigênio precisa disparar para onde é necessário e, quando chega, precisa saber exatamente o que fazer. Um bombeiro apagando o fogo trabalha muito lentamente em comparação ao oxigênio em seu sangue, que precisa se introduzir numa célula, onde milhões e milhões de outros átomos estão trabalhando na máxima velocidade, conectados ao mesmo tempo em tarefas espantosamente complicadas – tão complicadas que eu não posso parar e descrevê-las, exceto para dizer que um computador em sua força máxima é cerca de um milhão de vezes menos complicado.

A fantástica viagem de um átomo de oxigênio acontece em uma escala mínima, apesar disso, o poder do universo está em ação. E do que todo esse poder do universo é feito? Exatamente da mesma coisa que você:

VIDA – CRESCIMENTO – INTELIGÊNCIA

Esses três elementos constituem a grande conspiração do universo. Quando o oxigênio flutua no ar, não se pode ver que ele é parte do grande projeto do universo, mas no instante em que o oxigênio chega ao nosso interior o projeto é acionado e começa a funcionar. Nosso corpo é nada mais do que uma grande tempestade de vida, crescimento e inteligência. Cada um dos seus processos atende à grande conspiração, e assim acontece com todos os demais milagres que podemos reconhecer.

A *vida* flui em direção a um imenso rio, ultrapassando obstáculos, modelando a paisagem, preenchendo os espaços vazios, conquistando a morte a cada centímetro do percurso.

O *crescimento* traz coisas novas à existência, faz com que o inesperado adquira uma importância inacreditável, brota em direção a sonhos que se realizam e transforma um universo primitivo de gases em redemoinho, criando formas incrivelmente complexas, sem que haja duas exatamente iguais.

A *inteligência* desvenda o que está acontecendo e imagina histórias desconhecidas que se materializam bem diante dos nossos olhos.

Se desejar fazer parte da grande conspiração do universo, essas três coisas são a fonte do seu poder.

O *poder da vida* o aguarda para que seja cada vez mais vivo e saudável, pronto para estimulá-lo em seu caminho.

O *poder do crescimento* está pronto para abrir novas regiões de criação que estão adormecidas até que você as desperte.

O *poder da inteligência* está esperando por sua nova ideia, sonho ou desejo. Essas coisas são invisíveis, mas o espírito as colocou em suas mãos. Você pode apertar o botão e tomar todo esse poder para que flua através de você. Um poder ilimitado. O poder que ilumina as estrelas como se brilhassem para sua vida.

Encontrando seu poder

P: Onde está o botão do que você está falando?

R: Em você, é claro. Não há nenhum outro lugar onde ele possa estar. Existe um belo e antigo poema de Kabir, que viveu na Índia há muitos séculos, mas que ainda hoje é reverenciado. Ele diz: "Visitei os homens mais espertos, mas não encontrei Deus. Li todos os livros sagrados, mas não encontrei Deus neles. Tomei banho nos rios mais sagrados e viajei para os templos mais antigos, porém ainda dessa vez não encontrei Deus. Até que um dia abri a porta do meu coração, e que surpresa! Lá estava Deus sorrindo, esperando por mim."

Encontraremos a mesma busca em todas as tradições religiosas – e a mesma resposta sendo dada. O botão que precisamos ligar está em nossos próprios corações. Pode-se também dizer que está em nossa mente, porque o espírito não tem apenas uma casa. Os três poderes, vida, crescimento e inteligência, fluem através de todas as nossas partículas (e de todas as partículas deste mundo, também).

A boa notícia, então, é que o espírito não vai a lugar algum. Você jamais irá perdê-lo. Jamais perderá sua parte do poder do universo ou o deixará acidentalmente fora do projeto cósmico.

O segredo é que todo esse poder permanece na fonte e não na superfície. Certamente os rios correm de uma pequena fonte nas montanhas; onde o rio Mississípi começa há uma parte tão estreita que é possível cruzá-lo com apenas uma passada. Não se preocupe, portanto, se sua fonte for pequena. Na fonte também se possui mais poder espiritual do que se pode imaginar. O suficiente para criar um mundo. O suficiente para transformar você. O suficiente para solucionar suas maiores preocupações e trazer suas mais almejadas esperanças.

A caça ao unicórnio

Alguma vez já pensou sobre o unicórnio, esse animal místico que é imaginado como um cavalo branco cintilante com um único chifre na testa? Na Idade Média, muitos artistas fizeram pinturas e tapeçarias descrevendo a caça ao unicórnio. Não era um animal da época, mas um símbolo de Cristo, de Deus ou da alma. As tapeçarias e pinturas mostravam o unicórnio correndo através das florestas, porém era sabido que esse animal místico na realidade vivia dentro de cada pessoa.

O unicórnio ainda vive onde sempre viveu. Você e eu vamos à caça dos nossos próprios unicórnios pessoais. Será necessário um livro inteiro para que você seja transformado em um grande caçador, mas já mostrei a você como a caça começa:

Sabe que você é um milagre.
Sabe que tem um lugar único no projeto cósmico.
Sabe que o poder espiritual é seu, se assim o quiser.
Sabe que a caçada o levará para a sua fonte,
a fonte de onde vem o poder.

Compreendeu tudo isso? Bom. Porque mesmo que cada coisa não pareça totalmente real exatamente agora, você de fato acionou o botão que ilumina o mundo. Estamos a postos e correndo. Não estamos mais no escuro.

Obtendo mais da vida

P: **Certo, liguei o botão. Como saberei se estou começando a ser espiritualista? Tenho amigos que acreditam em Deus e vão à igreja, mas nem sempre são as melhores pessoas ou as que levam a melhor vida.**

R: A espiritualidade é um modo de obter mais da vida. Eu a conecto ao poder porque, se não o tiver, a espiritualidade permanecerá extremamente fraca e não será muito útil. Qualquer outro modo de obter mais da vida é superficial.

Você já ouviu, muitas e muitas vezes, que é preciso dar duro para ter sucesso. Já ouviu falar que coisas ruins acontecem para quem pula fora da escola e "arruína a própria vida". Foi levado a refletir sobre as regras do certo e errado. Além disso, provavelmente, pensou em obter conexões sociais adequadas e em ganhar dinheiro.

Aprofundando

A espiritualidade, porém, não tem nada a ver com nenhuma dessas coisas. Tem a ver com ir fundo na vida e questionar sobre o que é o projeto maior, o projeto universal no qual você representa seu papel. Pode chamar isso de viagem secreta, porque muito poucas pessoas sabem fazê-la. Precisa ser um pouco explorador, um pouco psicólogo, um pouco detetive. Quando você ingressa nessa viagem, apenas você sabe sobre isso. Nada é mais excitante. Seus amigos que frequentam a igreja não ingressam nessa jornada apenas pelo fato de irem à igreja. Seus amigos que não vão à igreja não estão perdendo essa jornada apenas por não irem à igreja. Cada um decide por si, intimamente.

Mas uma coisa é certa: Como há um espírito em você, você está pronto para a mais excitante das jornadas.

Apenas demos uma espiada pela porta do espírito e uma dúzia de perguntas deve estar surgindo na sua cabeça: Como saberei se Deus é real? Como o espírito funciona? Que bem isso me fará? O que posso esperar que aconteça comigo, se tentar ser mais espiritual?

Tentarei responder a todas as perguntas uma a uma, mas eis de antemão algumas respostas rápidas:

Deus é real?

Sim, mas é provável que você se surpreenda ao ver que Deus é, na verdade, diferente de como você o imagina agora.

Como o espírito funciona?

Funciona mostrando a você a melhor forma de resolver qualquer desafio.

Que bem isso me fará?

Você crescerá e crescerá por toda a sua vida e cada degrau o trará para mais perto da verdade.

O que posso esperar que aconteça comigo?

Será transformado. Daqui a um mês talvez olhe no espelho e diga: "Este sou eu mesmo?"

Para onde vou?

P: **Se eu entrar nesta jornada espiritual, onde ela vai dar? Chegarei a ver Deus? Vou me tornar uma pessoa sagrada como um santo?**

R: A jornada espiritual termina quando você se ilumina. Essa não é uma palavra fácil. Quando vim da Índia para os Estados Unidos, a América, todo conceito de "iluminado" foi por água abaixo. Na Índia, onde cresci, uma pessoa iluminada era como um verdadeiro santo, alguém acima de todos os sofrimentos e ignorâncias da vida normal. Ser iluminado significava estar próximo de Deus. Nos Estados Unidos, em meu primeiro trabalho como médico, as pessoas mais iluminadas eram os cientistas. Elas geralmente viam a espiritualidade como superstição, e crenças sobre Deus eram segredos pessoais sobre os quais não se falava.

Estágios da jornada

Então, pensei e pensei, por mais de vinte anos, em como apresentar a jornada espiritual. E, eis aqui meu esboço sobre duas pessoas que fizeram verdadeiros progressos espirituais. Você pode usar estas linhas gerais como uma espécie de espelho para os hábitos que mudará.

Nº 1: Progredindo

A primeira pessoa realmente levou a espiritualidade a sério. Ela começou querendo mais autoconhecimento. Se encontrá-la, perceberá imediatamente que ela não é apenas uma pessoa comum. É relativamente única. A aprovação de todos não tem tanta importância. Ela não é de se impressionar por dinheiro. Não acredita que alguém é melhor por estar em uma situação melhor.

Ao longo do tempo encontrou grande paz interior. Sua paz pode ser abalada pelos grandes acontecimentos, no entanto ela não sai do eixo por muito tempo. Não teme suas próprias emoções e, quando sente uma forte preocupação ou um ímpeto de raiva, sabe que é apenas uma coisa passageira. De uma maneira geral, aprendeu a amar e a apreciar tanto sua vida quanto a vida à sua volta. As outras pessoas têm almas iguais à dela e às quais ela dedica respeito. Ela não julga as pessoas pela aparência. Encontra uma forma de perdoar as injustiças sofridas e sabe, também, se perdoar.

Se lhe perguntassem do que se orgulha, apontaria sua visão da vida e o amor alcançado.

Se lhe perguntassem quem é, diria: "Sou uma obra em desenvolvimento."

Nº 2: O verdadeiro mestre

A segunda pessoa fez trabalho espiritual suficiente para ser realmente transformada. Caso a encontrasse, perceberia a forte presença de paz. Esta pessoa sente-se sábia. Sua paz interior é dura como rocha. Sem hesitar, ela lhe é gentil

O BÁSICO

Espírito é a palavra que estou usando para descrever todo o mundo invisível que fica além de seus cinco sentidos. Ela abrange tudo e é, portanto, a palavra mais comum que usaremos. Um artista que, de uma inspiração, pinta um quadro, para mim é espiritual, mesmo que ele não considere Deus. O amor de uma mãe é espiritual – na verdade, todo amor é espiritual.

A palavra *alma* significa seu próprio espírito, a centelha única da sua criação. Para mim, a alma é minha origem. Todo pensamento, desejo, esperança, sonho e fantasia pode ter sua origem na alma. Pode também ser chamada de seu eu maior. Ela é a parte de você que sempre tem relação com Deus.

Deus significa o criador, mais do que isso, porém. Deus é a inteligência maior e mais pura no universo. Ele (ou ela) sustenta todas as coisas sagradas que você buscará para sua jornada íntima: verdade, fé, amor, inspiração e criatividade. Se alguma dessas coisas for importante para você, já está diante do começo de sua busca por Deus.

e, dois segundos depois de conhecê-la, saberá que pode confiar completamente nela.

Ela ama a vida e tudo que lhe diz respeito. A ansiedade do dia a dia não abala suas crenças no espírito. De alguma forma, ela encontrou o caminho para vislumbrar a vida como perfeita. Seu conhecimento da natureza humana é muito profundo, da mesma forma que seu conhecimento de Deus e do espírito; ela o vive a cada momento.

Se lhe perguntasse de que se orgulha, provavelmente o surpreenderia por não ter orgulho algum. Ou diria que se orgulha em ser uma gota no eterno oceano da existência.

Se lhe perguntasse quem é ela, diria: "Sou única em tudo."

Esses esboços são muito resumidos, mas, com eles, tentei mostrar quem você pode ser. A pessoa número 1 poderia facilmente ser você, caso deseje de fato seguir pela jornada espiritual. Tudo a fazer é começar a progredir. A vida nada tem a ver com perfeição, tem a ver com ser um pouco melhor a cada dia. A pessoa número 1 sabe disso. Fazendo um pequeno progresso diário, ela supera um monte de dúvidas e inseguranças que você provavelmente conhece muito bem. Todos sabem o que é dúvida e insegurança. Elas não vão embora apenas porque desejamos. Não se vão apenas porque crescemos. É necessário se interiorizar para encontrar um lugar dentro de você mesmo no qual possa estar seguro, como em sua casa e em um porto seguro. O mundo à nossa volta não mudará para melhor automaticamente, portanto, precisamos mudar. Todos os dias são um desafio, e a interiorização é a melhor maneira para ven-

PROGREDINDO
Palavras-chave

Segurança

Em paz

Capacidade de perdoar

Aceitação

Bom autoconhecimento

Amor

Seguir sua intuição

Ver sua vida como uma vida de sucesso

cer esses obstáculos. A pessoa número 1 era exatamente como você na adolescência, mas agora aprendeu a se autotransformar para vencer o desafio da vida.

A pessoa número 2 é alguém a quem chamo de mestre. Poderia usar outros termos, como *sábio*, *santo*, *guru* e uma *pessoa iluminada*. Essas palavras são um pouco pesadas demais para mim, quero dizer que, por algumas pessoas terem opiniões negativas sobre elas, acabaram ficando marcadas ao longo do tempo. Acredito, porém, que todo mundo quer ser mestre em alguma coisa. Os mestres sabem muito, muito bem seu ofício. Não são mais iniciantes. Têm muito mais bagagem. Se isso o atrai, por que não usá-lo como trampolim para ir mais longe e ser seu próprio mestre? A pessoa número 2 o fez. Ela foi para a luz e descobriu seu verdadeiro lar. Talvez nunca diga a palavra *Deus*, porém possui uma grande reverência por tudo relativo à criação. A vida dela é abençoada, e minha própria jornada de vida é modelada de acordo com essas doutrinas. São como os irmãos e irmãs mais velhos e mais experientes da humanidade. Espero que você seja sortudo o bastante para encontrar uma pessoa assim, porque uma vez que a conheça, jamais irá esquecê-la. Os mestres têm uma presença que é realmente espantosa. Todavia, não são alienígenas. Eles não vêm de outro planeta. São o resultado da transformação que você está prestes a iniciar neste exato momento. O que significa que a maestria pode estar também em seu futuro.

UM VERDADEIRO MESTRE
Palavras-chave

Reverência

Unidade

Ser

Sabedoria

Em sintonia com tudo

Totalmente em paz

Profunda crença em Deus

Compaixão

Primeiros passos

P: Admito que esteja excitado com todas essas ideias novas, contudo sou um completo iniciante. O que preciso fazer para prosseguir na jornada espiritual?

R: Há três passos que vão inflamar seu espírito e tirá-lo do esconderijo. São passos simples; não é preciso que você seja especial, bem-dotado ou esperto para compreendê-los.

Passo nº 1

Repare nos sinais que a vida está lhe dando. Estou falando de situações raras que acontecem diariamente. Por exemplo, já pensou no nome de alguém e então aquela pessoa liga para você no momento seguinte? Já teve um sonho que se tornou realidade ou pediu uma graça que lhe foi concedida? Esses são sinais vindos da alma, assim como as seguintes experiências de jovens:

> Realmente adoro arco-íris. Parece mágica quando algum aparece, e, embora soe bizarro, pedi mesmo um arco-íris, e então, naquele dia, consegui ver um.
>
> Estava tomando conta do meu irmãozinho quando ele tinha dois anos.
>
> Ele era demais... Terrível como todo bebê de dois anos. Porém, depois de correr de um lado para outro, sossegou. E quando adormeceu, senti como se estivesse olhando para um anjo. Desejei poder ficar tão em paz quanto ele parecia estar, ali deitado dormindo no carpete.

Passo nº 2

Use as pistas espirituais em sua vida, mesmo as menos *significantes*. Preste atenção. Não dê as costas para o que sua alma diz. Isso é importante porque a conversa com sua alma é em mão dupla. Um conselho chegando até você é como a alma dizendo: "Oi, você está aí?" E, quando se dá conta, responde: "Sim, estou aqui." A maioria das pessoas ignora as dicas espirituais. Isso é como desligar o telefo-

PROGREDINDO
Lembretes

Uma jornada de mil quilômetros começa com um passo.

Esta é a minha jornada. Posso fazê-la no meu próprio ritmo.

Minha alma está sempre comigo.

Minha vida tem a ver com espírito, mesmo quando parece ter a ver com milhares de outras coisas.

Sou uma parte única do plano cósmico. Sou necessário ao universo.

Possuo vida, crescimento e inteligência. Posso aprender um pouco mais a cada dia.

A maior pessoa da Terra pode ser uma imensa fogueira comparada à minha pequena vela mas ambas são feitas da mesma luz.

ne quando alguém liga para você. A conversa é interrompida de repente.

Eis algumas experiências que alguns jovens acharam significativas:

Estávamos caminhando pelas montanhas e chegamos a um lago. Meu amigo e eu sacamos nossas câmeras para fotografar. Bem naquele instante, as nuvens se abriram e um grande raio de sol atingiu o lago. Senti um arrepio na espinha, como se Deus estivesse nos olhando e sorrindo.

Não conto isso a ninguém, mas algumas vezes sinto como se eu amasse a todos no mundo inteiro.

Acredito ter visto uma luz ao meu redor ou, ao menos, sonhei que estava envolto em uma luz. Aconteceu apenas algumas vezes, porém esta experiência me impressionou muito.

Passo nº 3

Valorize a experiência pela qual está passando. Apenas as coisas que pensar que têm valor ficarão maiores e melhores. Se tiver um carro novo e não trocar o óleo ou não lavá-lo, não estará lhe dando valor algum, portanto ele estragará muito mais rápido. Se não valorizar o que sua alma lhe diz, suas experiências irão esvair-se rápido. Dizendo a si mesmo: "Isso é importante. Realmente quero saber o que minha alma está dizendo", estará fortalecendo a conexão espiritual a cada dia.

Aqui estão experiências que dois jovens valorizaram:

Estava jogando futebol, e era um jogo realmente tenso. Um passo longo fez a bola vir em minha direção, e, quando pulei para agarrá-la, tive a impressão de que o tempo estava mais lento. Era como se eu estivesse em um filme em câmera lenta e por um momento estava certo de que a bola viria direto para as minhas mãos. (E veio.)

Em alguns dias sinto-me como se estivesse andando nas nuvens. Se colocasse em uma escala, meu corpo teria metade do peso normal. Nesses dias sinto que poderia fazer qualquer coisa. O mundo inteiro está a meu favor. Deus está ao meu lado.

Imagino que esses primeiros passos o tenham deixado surpreso. Não envolvem nada de religioso. De fato, são apenas novos hábitos mentais. Se estiver procurando por um novo amigo, visto que acabou de se mudar para uma nova cidade, o que faz?

Repara nas pessoas que possam ser amigos em potencial.

Qualifica os gestos de amizade que alguém possa lhe demonstrar, como uma ajuda para encontrar uma sala de aula ou um elogio sobre a forma como está vestido.

Valoriza aquelas pessoas que desejam aceitá-lo em seus círculos.

Encontrar sua alma não é tão diferente assim de encontrar um novo amigo. Agora já aprendeu meu pequeno truque: que não uso os termos espirituais habituais nas igrejas ou escolas dominicais. Mas estes três passos são, de qualquer forma, muito espirituais. Eis o motivo:

UM MESTRE DE VERDADE
Lembretes

Na minha época, todo mestre era ainda um aprendiz.

O aprendizado é a chave para a grandeza.

Minha alma já é um mestre.

Minha meta é subsistir da alma.

O poder de um mestre é parte do poder de Deus.

O universo está pensando e vivendo através de mim neste exato momento.

Você é muito mais do que imagina ser. Está vivendo uma vida espiritual neste momento, apenas ainda não percebeu (muitas pessoas não percebem, logo não é um defeito). Sua alma está sempre sinalizando aonde seu espírito quer chegar. Tudo que quero que faça é que perceba os sinais, lhes dê um pouco de importância e então os valorize. Se fizer isso, algo muito surpreendente acontecerá. Começará a fazer amizades com sua alma. Abrirá um canal de comunicação com o espírito, apenas por prestar atenção.

DICAS DO ESPÍRITO

Alguma destas coisas aconteceu com você hoje?

Um sentimento de leveza no corpo.

Uma sensação de fluidez ou corrente em seu corpo.

Uma sensação de que tudo está bem, que o mundo é a sua casa.

Um sentimento de paz absoluta.

Um sentimento de aterrissar em um lugar macio onde está seguro.

Um sentimento de que você não é o que parece ser, que esteve desempenhando um papel que na verdade não era seu.

Um sentimento de que há algo além do céu ou atrás do espelho.

Um pensamento que diz: "Sei mais do que penso saber."

Um pensamento que diz: "Preciso descobrir o que é real."

Um pensamento que diz: "Preciso descobrir quem realmente sou."

Suas vozes interiores ficaram muito quietas.

De repente teve a sensação de que estava andando em um sonho.

Então, quais são as deixas de sua alma? Vou lhe dar uma longa lista, pois não quero deixar nenhuma de fora. Não fique ansioso ou desencorajado. Não estou lhe pedindo para reparar em todos os itens da lista, muito menos para memorizá-la. Minha proposta é que abra os olhos às muitas formas diárias que o espírito usa para tentar fazer contato.

De uma forma ou de outra, as maiores experiências da história estão conectadas a esta lista. Chamaria essas experiências de pistas espirituais da alma. Elas são o meio que uma pessoa, jovem ou idosa, começa a pensar, sentir e agir em nível espiritual. Se tiver intimidade suficiente com seus pais ou com um bom amigo com o qual possa ser realmente honesto, pare e discuta os itens da lista. Vale a pena, pois não costumamos falar sobre essas experiências. Quando estamos num jantar em família, falamos sobre os eventos do dia, de um compromisso que temos em uma hora ou sobre coisas da TV. Com amigos, costumamos fofocar ou falar sobre escola e parentes. Como seria maravilhoso se, em vez disso, ao menos uma vez, falássemos sobre a situação das nossas almas.

Naturalmente, é um nível de comunicação bem alto, portanto ter pelo menos uma experiência como essa em um dia é muito bom. Demonstra que está começando a despertar para sua alma.

A história de um médico

Sei que esta lista talvez pareça muito abstrata, permita-me, então, torná-la um pouco mais pessoal. Quando eu era um jovem médico, tinha tempo para apenas duas coisas: trabalho e família. Acordava perto das cinco horas, a cada manhã, e disparava para o primeiro hospital onde eu tivesse pacientes. Lá pelas oito da manhã, já devia ter passado por mais dois ou três hospitais antes de começar a atender em meu consultório. No meio do dia, normalmente comia na mesa de trabalho, pois havia sempre relatórios de pacientes para serem vistos. Nunca tinha tempo para sair e comer em um bom restaurante. O trabalho vinha em primeiro lugar. Sempre.

O dia não terminava antes que o último paciente saísse porta afora. Precisava revisitar os hospitais onde estivera pela manhã, e então chegava em casa morto de cansado, na hora do jantar, se tivesse sorte. Era comum não chegar antes de anoitecer. Minha esposa e eu amávamos igualmente nossos dois bebezinhos, mas é uma incógnita se eles conheciam sequer o rosto do pai. Entre o trabalho e a família, nem tenho ideia das muitas coisas que coloco nesta lista. Não tinha uma vida espiritual na qual realmente eu reparasse, já que simplesmente não havia muito como prestar atenção ao que acontecia à minha volta.

Foi capaz de fazer algo sem precisar pensar sobre o que estava fazendo (essa é uma ação automática).

Teve a sensação de um grande poder agindo através de você.

Agiu de acordo com sua própria verdade, não conforme os outros pensam ou dizem.

Obteve algo que realmente queria sem ter de lutar por isso.

As coisas passaram a ser realmente fáceis.

Parou de lutar por seu ponto de vista e ainda assim tudo deu certo.

Sentiu como se sua vida fosse parte de um grande plano.

Percebeu que você se cuidou.

Percebeu que sua vida tem uma proposta, você importa.

Teve a sensação de que eventos aleatórios não acontecem por acaso, mas seguem um padrão.

Viu que você é único.

Percebeu que a vida pode correr sozinha. Todas as coisas são programadas.

Sentiu-se atraído para seu centro.

Percebeu maravilhado que a vida vale a pena até o fim.

Gradualmente isso começou a mudar. Em parte, porque minha mãe era muito espiritualizada, em parte porque me interessei por livros espirituais e, em parte, devido a algum fator qualquer, eu mudei. Comecei a perceber as coisas. Todos os itens da lista que estou lhe apresentando aconteceram comigo. Estava, então, recebendo pistas do espírito o tempo todo, e sabe o que acontecia quando lhes dava alguma atenção e lhes conferia algum valor significativo? Mais e mais dicas apareciam em meu caminho.

É sempre assim. As coisas nas quais você presta atenção aumentam em sua vida. Você conhece pessoas que ficam irritadas muito facilmente? Se passar o tempo perto delas, vai logo descobrir que elas encontram vários motivos que as tiram do sério. Coisas inocentes e pequenas com as quais ninguém mais se perturba, como um carro estacionado de forma errada, uma fila lenta para o ingresso do cinema ou simples observações de estranhos. A raiva delas é o que elas alimentam mais e mais, instigando-a com pequenos eventos durante o dia. Esse é o lado negativo de se prestar atenção. O lado positivo é perceber que essas pequenas coisas durante o dia são sinais do espírito. Outras pessoas não notam nada anormal em sua vida, mas, se você começar a notar esses sinaizinhos, logo terá uma verdadeira vida espiritual.

Essas coisas começarão a crescer

Apreciação

Você começará a admirar sua própria individualidade, seu próprio mundo pessoal, seu próprio lugar na criação. Eis o que disseram alguns jovens:

Estou começando a sentir o quanto posso ser especial e levar uma vida especial.

Se estou realmente sozinho, olhando para as coisas ao meu redor, consigo ver muito mais do que antes. Até mesmo ver meu cachorro brincar se torna diferente agora. Eu posso ver o quão vivo ele está e o quanto aproveita sua vida.

O que você disse sobre os milagres está se tornando realidade para mim, dessa forma não me sinto mais uma criança comum. Eu sou realmente única, e isso é significativo para mim.

Maravilhamento

Em vez de passar por cima de coisas que poderiam enchê-lo de admiração, seja uma lua cheia, uma rosa, o sorriso de um bebê ou um olhar de amor, você começará a ter um momento de maravilhamento. Eis como disseram alguns jovens:

Todos usam a palavra "maravilhoso" o tempo todo, então ela perde seu valor. Eu estou começando a ver "maravilhoso" em vez de simplesmente dizer.

Eu vi esse filme de surfe só porque alguns dos meus amigos me arrastaram. Eu não ligo para surfe, mas de repente havia sequências dessas ondas soberanas, tão enormes e poderosas, que envolviam os pequenos surfistas. Realmente os admirei. Comecei a ver que a vida podia ser assim, surfando no enorme poder que nos cerca em toda parte.

Fique alerta

Você começará a se sentir mais desperto e menos embotado. O dia a dia não será mais uma rotina. Você começará a ver a centelha da vida que está presente em tudo. Eis aqui depoimentos de alguns jovens:

Chamo isso de eletrizar. Não estou simplesmente olhando para as coisas, mas realmente sinto uma eletrização, uma pequena emoção, em cores vivas, em certas músicas.

> Nos comerciais, eles mostram coisas estúpidas como comer algum tipo de doce e ter uma explosão de excitação na boca. Mas recentemente tenho sentido essa explosão de excitação só de olhar. Não para doces, mas para algo como um peixe tropical em um tanque. Fico observando-o bem de perto e continuo observando, e, como se fosse a primeira vez, me sinto realmente excitado por essa imagem incrivelmente bela.

Satisfação

Você vai perder esse sentimento de tédio, de vazio, que vem quando consideramos nossa vida completa. Em vez disso, acordar a cada dia vai ser como acordar para um novo mundo. Cada dia *é* um novo mundo, então essa é uma ótima mudança, um grande passo para uma realidade melhor e mais elevada. Eis o depoimento de alguns jovens:

> Comecei isso nos momentos em que estou na cama, quando acabo de acordar. Fecho meus olhos e tento sentir o novo dia. É como o sentimento de uma manhã especial. Quando sinto isso, o dia se torna essa coisa nova e eu me encho de expectativa para o que pode acontecer.

> Procuro um momento especial todos os dias. Há de haver um momento em que algo que nunca aconteceu antes aconteça. Quando eu não estava olhando, pensava que minha vida fosse a mesma coisa todos os dias. Mas, na realidade, há sempre um momento especial desde que você abra os olhos. Poderiam dizer que estou na expectativa de mudanças. Simplesmente mudei a forma como vejo as coisas.

Presença

Você começará a sentir a presença espiritual. É como perceber que existe alguém, por trás das cenas, que o conhece e que toma conta de você. É como assistir a uma peça e saber que há alguém fora do palco conduzindo o show. Eis o depoimento de alguns jovens:

Eu saio para ouvir a respiração dos bosques. Os únicos bosques na minha cidade são no parque, mas se eu for lá e me deitar entre as árvores os galhos são agitados pela brisa. Se eu ouvir bem de perto, parece que o mundo está respirando. Digo a mim mesmo, esse é Deus respirando.

Converso com Deus quando estou fora de casa, caminhando. Eu lhe digo: "Belas nuvens", ou: "Você fez um belo alvorecer hoje." Tento imaginar que estamos próximos, que ele está me ouvindo. E às vezes sabe o que mais? Eu sinto que ele está.

Conexão

Você começará a se conectar com o mundo de uma nova forma. Em vez de se sentir sozinho ou como um estranho, verá espécimes nos quais você está incluído. Toda a criação está conectada, e a vida não é nada além de espécimes nascendo e aflorando antes de desaparecerem como bolhas de sabão. Conectado é realmente como você é – você é um fio na tapeçaria cósmica. Talvez seja um pequeno fio, mas tudo na vida seria diferente sem ele. Eis o depoimento de alguns jovens a respeito:

Li histórias sobre grandes homens e mulheres, e quando deparo com algo que eles fizeram e com que me identifico, sinto-me perto deles. Meus heróis são iguais a mim, mas foram mais longe do que eu. Eles fazem acontecer.

Frequentemente fico numa praia deserta e abro os braços. Então, giro vagarosamente e digo: "Esta é a minha casa." Uma vez que todos viemos do mar, é verdade que o oceano é a minha casa. Já que todos respiramos o ar, a atmosfera é a minha casa. A luz do sol é parte da minha casa. Conforme tenho esses pensamentos, sinto-me em casa em todo o universo. Do qual eu faço parte.

2

Sucesso

"QUAL O SEGREDO PARA SER REALMENTE BEM-SUCEDIDO?"

Tente imaginar seu futuro. Ele poderá ser de formas muito diferentes. Que tal se você chegar a obter um bom emprego, talvez como médico ou advogado, e ganhar um monte de dinheiro? Imagine-se com sua própria casa, formando uma família, com um carro do qual se orgulhe.

Esse é o retrato do sucesso?

Para a maioria das pessoas, sim. Elas veem o sucesso em termos materiais, isto é: dinheiro, status e tudo que o sucesso pode comprar. Acredito, porém, que não seja bem assim. Por que não ter sucesso tanto interior quanto exteriormente?

Sucesso é abundância tanto interna quanto externa.

Uma coisa é ser rico em bens e outra é ser rico em amor, honra e amizade. Ser espiritualista não significa que você tenha de deixar de lado as riquezas materiais da vida. Afinal de contas, elas fazem parte da criação tanto quanto o amor ou a beleza. Sua alma deseja que sua vida seja completa de todas as formas.

Neste capítulo, vamos descobrir como se pode adquirir abundância interna e externamente. É claro que os adolescentes se preocupam com o futuro. Um jovem de 16 anos perguntou:

Querido Deepak,

De onde vem a motivação? Tenho enorme dificuldade em encontrar absolutamente qualquer motivação, o que não parece acontecer com as outras pessoas. Há algo de errado comigo?

Essa é uma questão muito importante, porque sem motivação a pessoa não consegue o sucesso. Todos possuem motivação para determinadas coisas. Se eu pedir que jogue seu videogame favorito, coma sua comida favorita ou converse com seu melhor amigo, você terá motivação imediata. Se alguém lhe oferecer um monte de dinheiro, isso também se torna uma boa motivação.

Isto não é motivação

Motivação, entretanto, não é uma coisa estática. Um monte de gente entra para a academia de ginástica pensando que vai ficar em forma e após quatro ou cinco aulas cai fora. Provavelmente você tem um amigo que comprou uma guitarra elétrica e após alguns meses ou até algumas semanas a largou no canto.

Por que a motivação se exaure? Porque vem de seu exterior.

Se tentar se motivar a partir do exterior, chegará o dia em que o dinheiro não funcionará mais. Comprar coisas novas também deixará de funcionar, uma vez que você já tem mais do que realmente precisa. Ser uma celebridade é vazio em sua essência. Não é você de verdade. É sempre assim. Portanto, para de fato encontrar sua motivação, você não pode depender de fatores externos. A verdadeira motivação vem de dentro. E, com ela, vem o verdadeiro sucesso.

Isto é inspiração

Procure por inspiração, em vez de motivação. Inspiração tem a mesma origem que *espírito*. Quando se está inspirado, o espírito impulsiona a pessoa. Você já viu um girassol seguindo o sol, girando para seguir o caminho do sol através do céu? O girassol é fascinante porque nunca fica parado. Da alvorada ao ocaso, ele gira, procurando a luz naturalmente. O mesmo impulso está em toda parte da natureza. Se posicionarmos animais unicelulares, como amebas, em um prato e uma luz brilhar de um lado, naturalmente também eles vão se virar para o lado da luz, mesmo não tendo olhos ou sistema nervoso.

Isto é inspiração: a tendência natural de voltar-se para a luz.

Sua alma deseja inspirá-lo.

Deseja lhe mostrar onde brilha sua luz interior.

Indo para a luz

P: Nunca vi minha luz interior. Onde ela está?

R: Algumas pessoas realmente veem uma luz interior em si – você ficaria surpreso em saber quantas a viram pelo menos uma vez. Mas quando você vê uma imagem em sua mente é uma forma de luz interior. A habilidade de ver imagens é denominada imaginação, e todos nascem com ela. Algumas vezes dizemos: "Você está apenas imaginando coisas", o que faz parecer que as imagens mentais são uma fantasia. Mas você já não ouviu falar de alguém seguindo seu sonho? Isso também é imaginação, pois um sonho é apenas outra forma de imagem.

Você precisa ter um sonho que possa seguir.

Quando você tem seu sonho especial, estará indo em direção à luz.

Um sonho especial

P: **Sonho à noite, mas não tenho um sonho especial. Como consigo um?**

R: Um sonho especial não vem quando você está acordado, embora até seja possível. Algumas vezes aprendemos mais em nossos sonhos do que pensamos. Há alguns anos ouvi uma história incrível sobre uma ilha no Pacífico Sul onde todos sonham juntos. A tribo inteira acorda todas as manhãs para discutir seus sonhos, e o que quer que tenham sonhado aconteça naquele dia, aquele sonho torna-se a realidade deles. Basicamente, sonham o futuro a cada dia.

Isso me faz pensar que todos poderiam fazer a mesma coisa. Comecei meu próprio sonho especial, mas não faço isso quando estou acordado.

Na verdade, quanto mais acordado estamos, mais poderosos são os nossos sonhos. Eles têm uma chance maior de se concretizarem.

A nota ao lado "Como ir para a luz" demonstra como isso funciona.

Quanto mais se usa o processo do sonho especial, melhor ele funciona.

COMO IR PARA A LUZ

Assim que você acordar e estiver preparada para começar seu dia, tire alguns minutos para você.

PASSO N° 1

Sente-se tranquilamente até você se sentir calmo e concentrado. Caso nunca tenha se concentrado, é muito simples: Apenas feche os olhos e focalize sua atenção onde fica seu coração, bem no centro do peito. Sinta seu corpo a partir deste ponto central e deixe a mente ficar leve e sossegada.

PASSO N° 2

Uma vez concentrada, comece a ver o dia diante de você. Observe você tomando café da manhã, indo para a escola, assistindo às aulas. Seja específica e visualize seu dia ***como você gostaria que fosse***. Veja você

Feliz

Confiante

Livre de obstáculos

Tendo interações positivas aonde quer que você vá

PASSO Nº 3

Se existe alguma imagem que faz com que você se sinta estressado ou ansioso quando a visualiza em seu olho mental, faça uma pausa e fixe esta imagem. Seu corpo está tenso? Você parou de respirar por um momento? Apenas relaxe o corpo e comece a inspirar lenta e profundamente. Faça isso até a imagem se tornar menos estressante. Veja como você atravessará este árduo momento com facilidade e confortavelmente.

PASSO Nº 4

Uma vez que você estiver com o corpo relaxado, diga a você mesma "Hoje estou escrevendo o futuro. Meu futuro é ver e criar. Vou prosseguir hoje como o verdadeiro autor de minha vida."

Abra seus olhos e tenha um ótimo dia.

Primeiro, você concluirá que nem todas as situações acontecem exatamente da forma que você queria, mas perceberá aprimoramentos. Procure-os. Acredite neles. Eis como uma pessoa fez.

Um conto sobre um jogador de golfe

Há alguns anos me interessei seriamente por golfe. Procurei por um clube de golfe, e o instrutor me disse que eu possuía algum talento. Curti cada aula prática, embora houvesse alguns problemas. Eu ficava muito nervoso nas competições, e algumas vezes uma tacada errada me deixava tão frustrado e enlouquecido que arruinava toda a minha partida.

Aprendi, então, a ver todos os buracos com antecedência. Meditava calmamente e me visualizava fazendo a tacada perfeita. Podia sentir o quanto seria bem-feita. Sentia o lançamento fluir através de meu corpo, enquanto a bola pairava em um arco perfeito e aterrissava com precisão no buraco marcado.

Fazia o mesmo para todas as tacadas, toda a movimentação para a colocada perfeita. E funcionava. Nem sempre fazia a jogada perfeita, mas me sentia mais relaxado. A grande novidade é que agora eu jogo o jogo, e antes o jogo jogava comigo.

Essa última frase é a chave de tudo. Você quer sentir que está jogando o jogo da vida, e não que a vida está jogando com você. Com o sonho especial, você pode começar a se colocar no controle do jogo, não forçando as coisas a acontecerem, mas prevendo os melhores acontecimentos para seu dia e depois relaxando e deixando as coisas se desenrolarem da forma prevista.

Esse princípio de criar a própria realidade é muito antigo. Há milhões de anos na Índia os grandes sábios elevavam o pensamento para a meditação e ioga. Eles alinhavam suas almas à energia do novo dia. Acreditava-se que isso era o suficiente para trazer paz e harmonia a toda a sociedade. Acho que devemos tentar essa experiência novamente. Então, quando tiver seu sonho especial, parabenize-se: você está adicionando paz e harmonia à sua volta cada vez que vai para a luz.

Adquirindo o hábito do sucesso

P: Você acha que as pessoas de sucesso têm algo em comum? Têm um jeito de fazer as coisas que o resto de nós não sabe fazer?

R: Há um monte de conselhos por aí sobre o tipo de hábitos que fazem com que as pessoas sejam bem-sucedidas. Vários centros de treinamento para o uso do tempo, administração de empregados e pessoal de apoio. Nada disso interessa aos adolescentes. O adolescente não tem empregados, não mantém uma família, e seu dia é voltado para ele mesmo (até então) quando é um estudante.

Então, parei e me perguntei o que existe nas pessoas de sucesso que conheço, considerando mais o lado espiritual. Queria saber mais sobre atingir a plenitude e o crescimento interior.

Segue a relação de hábitos que identifiquei:

Hábitos para o sucesso:
Os fazeres e não fazeres do cotidiano

Faça: Siga sua intuição, mesmo que seja contrária ao grupo.
Não faça: Não seja influenciado pela opinião externa.

Faça: Sinta-se confortável e correto.
Não faça: Não se violente ou se desgaste.

Faça: Valorize quem você é. Aproveite a sua singularidade.
Não faça: Não se compare com os outros e não se rebaixe.

Faça: Doe livremente parte de seu tempo e energia. Faça a diferença na vida de outros.
Não faça: Não seja egocêntrico, agindo como se apenas o que você quer fosse importante.

Faça: Ouça o que os outros têm a dizer.
Não faça: Não seja restrito às suas opiniões.

Faça: Mostre respeito, mesmo se discordar de alguém.
Não faça: Não suponha que apenas você sabe o que é melhor.

Faça: Assuma a responsabilidade por sua vida.
Não faça: Não espere que outros façam as coisas por você.

Faça: Tenha um sonho e heróis para venerar.
Não faça: Não se deixe levar e não se isole.

Faça: Mantenha a mente aberta e criativa à procura daquilo que é belo, desconhecido e que merece ser explorado.
Não faça: Não persista em seu antigo modo de fazer e ver as coisas.

Faça: Acredite no futuro, o qual está cheio de infinitas possibilidades.
Não faça: Não se torne vítima de obstáculos efêmeros.

É fácil colocar essa lista em prática porque você pode começar um item de cada vez. Cada hábito de sucesso está ao seu alcance hoje. A seguir está um programa que você talvez queira fazer, embora deva se sentir livre para adaptá-lo à sua própria situação.

Uma semana de sucesso: Colocando novos hábitos em ação

Dia 1

Hoje é dia de *ser sincero* comigo mesmo. Vou procurar por uma situação em minha vida em que eu tenha sido extremamente influenciado pela pressão do grupo.

EXEMPLOS:

Defender alguém que é impopular, manifestar algo que acredite ou expressar uma opinião diferente da normalmente defendida, que saiba que está correta. Se perceber que está sendo levado pelo grupo, exatamente para não ser criticado por alguém, reflita para ser mais verdadeiro consigo mesmo. Saiba quem você é e o que pensa antes de seguir qualquer um.

Dia 2

Hoje é dia da *quebra do estresse*. Encontrarei alguma coisa que provocará estresse e desgaste em minha vida e tentarei solucionar.

EXEMPLOS:

Fique em paz com seu irmãozinho ou irmãzinha em relação a algum hábito incômodo. Fale sinceramente aos seus pais que eles o estão pressionando muito num determinado assunto, como por exemplo, a escola ou o dever de casa. Simultaneamente, peça a eles que planejem um jeito melhor para que o trabalho seja feito, sem que lhe cause tanto estresse. Olhe para sua agenda e tente priorizar as tarefas importantes, para evitar lutar contra um prazo para realizá-las no último minuto. Pense em como usar o tempo melhor de uma maneira geral. Pessoas de sucesso acham que o tempo é precioso, portanto preenchem com as coisas mais importantes. Tempo ocioso não é um bom companheiro.

Dia 3

Hoje é dia da minha *singularidade*. Cuidarei de todas as coisas que ninguém mais no mundo tem, só eu. Perceberei se tentar me colocar em posições inferiores. Perceberei quando estiver tentado a me comparar com alguém que acho que seja melhor do que eu. Encontrarei meu próprio talento especial e me empenharei para fazer ainda melhor.

EXEMPLOS:

Chame seus pais de lado e diga que quer lhes falar sobre o que faz com que eles se sintam especiais. Peça-lhes para dizer o que há de especial em você e conte o que você acha que há de especial neles. Uma vez que você é parte de um grande quadro, sente-se e escreva sobre as coisas que fazem sua família, escola, comunidade e nação especiais. Tudo isso também faz parte do seu lugar, tempo e espaço singulares.

Dia 4

Hoje é dia de *doação*. Dedicarei hoje meu tempo e energia onde sei que serão apreciados.

EXEMPLOS:

Sem que lhe peçam, lave os pratos que estão empilhados na pia, ajude seu irmãozinho ou irmãzinha com o dever de casa ou encontre alguém na classe que precise de ajuda e gentilmente pergunte se pode ser útil. Em qualquer lugar há oportunidades para doar. Tudo o que precisa fazer é procurá-las.

Dia 5

Hoje é dia de *escutar*. Hoje me empenharei de forma especial para deixar com que outros se expressem. Pedirei suas opiniões antes de dar as minhas. Ficarei atento se estiver chateado por não ser o centro das atenções.

EXEMPLOS:

Escolha dois assuntos para conversar à mesa do jantar e tenha certeza de que todos na família saibam que serão capazes de falar. Peça aos seus pais para lhe contarem sobre o trabalho deles. No intervalo das aulas, aborde seu professor favorito e pergunte por que ele escolheu o magistério como profissão.

Dia 6

Hoje é dia de *respeito*. Deixarei claro hoje que os outros podem se abrir comigo. Procurarei uma situação pela qual não demonstrei respeito e tentarei corrigi-la.

EXEMPLOS:

No almoço, traga um tema à discussão e peça que todos se coloquem em posição contrária àquela que habitualmente defendem. Procure alguém que sempre discorde de você (normalmente é um membro da família, já que nos conhecem melhor) e desculpe-se por ter sido tão opositor. Depois pergunte o que realmente pensam.

Dia 7

Hoje é dia de *responsabilidade*. Hoje serei o mais responsável possível. Tentarei corrigir a negligência quando necessário. Não irei apenas pensar: “Isso não é minha tarefa.”

EXEMPLOS:

Prepare seu próprio café da manhã ou arrume seu próprio almoço sem que seja solicitado. Prepare o café da manhã ou arrume o almoço para seu irmãozinho ou irmãzinha. Coloque roupa na máquina de lavar. Aspire a sala de estar. Assuma a responsabilidade de chegar pontualmente aonde precisa. Quando perceber que está se queixando por querer alguém para fazer por você, faça você mesmo. Se quiser dinheiro, encontre uma maneira de obtê-lo.

Dia 8

Hoje é dia de *idealismo*. Hoje despenderei tempo para aprender mais sobre a vida de meus heróis e ídolos. Se eu os conhecer, falarei com eles. Se forem heróis da história ou mitos, lerei a respeito de suas vidas e tentarei aplicar seus ideais à minha vida.

EXEMPLOS:

Vá a um ministro ou pregador e pergunte se você poderia passar algum tempo com ele (ou ela) enquanto realiza bons atos; visite uma pessoa deficiente e pergunte a ela de onde retira coragem; leia biografias de bons homens e mulheres; examine a mitologia mundial para descobrir quais têm sido as maiores aventuras humanas. Em cada caso aplique a história ou o mito a si mesmo, torne-se idealista absorvendo um pouco dos grandes ideais do passado.

Dia 9

Hoje é dia de *criatividade* e abertura da minha mente. Farei uma coisa que traga um pouco mais de beleza ao mundo. Hoje me dedicarei a encontrar a solução para um problema que me atinge.

EXEMPLOS:

Surpreenda a si mesmo fazendo algo que nunca sonharia em fazer. Se você for o capitão de uma equipe de futebol, pegue uma flor para sua professora de português; se fica perambulando pelas festas, com as mesmas velhas pessoas de sempre, convide alguém para dançar. Encontre um canto monótono em sua casa e faça-o parecer melhor: flores, um tecido claro, uma pintura, uma pequena obra de arte comprada em uma loja de segunda mão. Escolha um problema que afeta a humanidade que o interesse, como poluição, excesso populacional, Aids ou pobreza. Ponha-se no comando do mundo e faça uma lista – uma lista dos sonhadores do céu azul – de todas as soluções que você usaria para resolver tal problema. Seja tão imaginativo quanto quiser, sem regras ou restrições.

Dia 10

Hoje o dia é sobre *o futuro*. Hoje reservarei tempo para pensar sobre as futuras possibilidades em minha vida. Serei positivo e criativo, tentando ver a mim mesmo em vários papéis, fazendo várias coisas. Sempre que eu avistar futuros problemas, não vou lamentá-los, mas tentar enxergar a melhor forma de resolvê-los.

EXEMPLOS:

Vá até a biblioteca e peça um livro sobre ocupações. Despenda tempo aprendendo como alguém se torna médico, advogado ou um pequeno empresário. Preste atenção no tipo de pessoa que realmente aproveita cada tipo de trabalho. Se puder, visite de fato essa pessoa. Imagine como será a vida daqui a cinco anos ou uma década. Imagine como você estará. Veja-se desempenhando o maior número de papéis pelos quais você se fascina. Permita que seu futuro seja o mais rico e aberto possível em relação à sua satisfação.

Perfil de sucesso

Por favor, não pare depois de ter seguido esse programa de dez dias. Mantenha o ritmo, não como se fosse um fardo ou um trabalho, mas como uma maneira de assumir a responsabilidade pelo seu próprio sucesso. Esses hábitos de sucesso são os mesmos exibidos pelas melhores almas que já existiram, assim como pelas maravilhosas pessoas cujas vidas nunca foram famosas.

Para manter o progresso, a cada dez dias, consulte o perfil a seguir. Assim, você se lembrará sempre que estão acontecendo mudanças positivas.

Meu desempenho para o sucesso

INSTRUÇÕES

Classifique cada item de um a cinco.
1 = Menor aproveitamento
5 = Maior aproveitamento

1 2 3 4 5 Sou eu mesmo. Não sofro influência dos outros.

1 2 3 4 5 Não sinto mais tanta pressão quanto antes. Estou menos estressado e preocupado.

1 2 3 4 5 Não me comparo mais tanto com os outros. Meus próprios talentos estão vindo à tona.

1 2 3 4 5 Estou me doando mais aos outros. Estou menos egoísta.

1 2 3 4 5 Sou um ouvinte melhor. Presto mais atenção ao que os outros dizem e estou mais interessado neles.

1 2 3 4 5 Não fico mais tão incomodado quando discordam de mim. Estou começando a apreciar diferenças.

1 2 3 4 5 Estou mais autoconfiante. Não deixo as pessoas assumirem tanta responsabilidade pelo que, na verdade, é minha responsabilidade.

1 2 3 4 5 Acredito mais em ideais. Inspiro-me na vida de outras pessoas e desejo que elas se inspirem na minha vida.

1 2 3 4 5 Aproveito mais meu lado criativo. Estou me surpreendendo com ideias e percepções que não tinha antes.

1 2 3 4 5 Sinto-me otimista a respeito do meu futuro. Vejo muito mais possibilidades nele do que antes.

Uma história de sucesso

P: Acho que os adolescentes não têm uma chance real de obter sucesso. Somos levados a ser como nossos pais, o que significa ouvir como pensam que tudo deve ser feito. Isso é justo?

R: Compreendo o que diz. Até que tenha bastante idade para ser autossuficiente, haverá conflitos entre você e seus pais sobre a maneira correta de se fazer as coisas. Esses conflitos não são negativos desde que cada um tenha chances de defender seu ponto de vista. Na verdade, é muito útil confrontar suas ideias sobre a vida com as deles. Quando finalmente sair para a vida, seja você mesmo, mas terá sido parcialmente moldado por seus pais. Educação e liberdade andam juntas.

Quero contar uma fantástica história de um adolescente que se tornou multimilionário. Fez tudo por conta própria, e ainda o fez para sua família.

Saleem e o café

Saleem nasceu numa família indiana que viajou pelo mar da Arábia através da África. Mas não chegaram lá de um jeito normal. Seu avô fugiu de casa aos 11 anos com seu irmão de 12. Quando chegaram ao Quênia, atravessaram todo o país por conta própria até chegarem ao próximo país, Uganda. Eram fazendeiros, e a longa caminhada foi à procura de uma terra que pudessem explorar.

Em Uganda, o irmão mais velho adoeceu e faleceu. O avô de Saleem começou uma fazenda naquele ponto, cultivando grãos de café. Mesmo ele sendo jovem, a fazenda prosperou, e logo havia muitos empregados e uma generosa colheita que era vendida para países da Europa. O negócio do café tornou-se tão próspero que, na adolescência, Saleem sonhava em ser doutor.

O pai de Saleem, entretanto, seguia a tradição de disciplina e trabalho pesado, e Saleem foi enviado para o trabalho no campo com os empregados. Fez o que lhe disseram e logo foi a Londres para vender a safra do ano. Seu pai mandou o capataz-chefe para conduzir a transação. Mas na Inglaterra, Saleem descobriu que o comprador já tinha muito café. Ele ofereceu 2.000 libras (cerca de 3.200 dólares) para cada carregamento de café. Saleem ficou com medo e não sabia se deveria vender toda a safra de seu pai a um preço tão baixo.

Então aconteceu uma coincidência interessante. Ele desceu para tomar um chá no bar do hotel e viu uma jovem que estava tão triste que quase chorava. Saleem ficou com pena dela e perguntou o que havia de errado.

— Tenho o pior chefe do mundo — ela queixou-se entre lágrimas. — Maltrata a todos, especialmente a mim.

— O que seu chefe faz? — Saleem perguntou.

— É comerciante de café — disse. — E afirma que tem bastante suprimento, quando, na verdade, está com déficit de mercadoria e precisa desesperadamente comprar mais carregamentos ou estará arruinado.

Saleem quase não acreditava no que ouvia. O mesmo homem que lhe havia feito uma oferta irrisória era o chefe daquela garota. Ele não disse nada a ela e voltou para o seu quarto. Na ligação seguinte ao comprador, Saleem lhe disse que apenas venderia a safra para quem oferecesse o maior preço. O chefe da jovem esbravejou com muita raiva, mas no fim acabou cedendo. Saleem salvou o negócio do pai.

Isso foi bastante surpreendente para um garoto de apenas 16 anos, mas a história tinha um toque misterioso. Saleem tinha medo do futuro na África. Ele percebeu que um novo regime governamental iria desapropriar as terras do seu pai e arruiná-lo da noite para o dia. Então, ordenou ao capataz-chefe que levasse todo o dinheiro extra, mais de dois milhões de dólares, para um banco de Londres. Voltaram para casa e falaram para o pai que haviam vendido o café pelo preço usual. A notícia o deixou feliz. O pai de Saleem não tinha a menor ideia de que seu filho estava investindo o dinheiro extra secretamente.

Saleem era tão engenhoso que começou o primeiro comércio de câmbio de moedas em aeroportos, facilitando aos turistas a troca do dinheiro deles pelo dólar e vice-versa. (Isso foi há trinta anos, quando frequentemente se formavam longas filas, de horas, para o câmbio de moedas e havia uma grande burocracia.) Chegou o dia em que a intuição do jovem tornou-se real. Um regime brutal ganhou força na Uganda e da noite para o dia a fortuna do seu pai foi desapropriada junto com sua terra. Seu pai fugiu para Londres com apenas cinquenta dólares no bolso.

Quando chegou, havia uma limusine esperando por ele no aeroporto. Ela o levou para um hotel fantástico, onde Saleem, ainda um adolescente, aguardava por ele com as seguintes palavras:

— Sabia que este dia chegaria. Tenho uma surpresa para você, pai. Peguei o dinheiro que ganhamos com o primeiro carregamento de café e agora o transformei em dez milhões de dólares. Está todo no banco esperando por você.

Saleem pensou que seu pai ficaria extasiado. Em vez disso, o rosto do homem ficou vermelho e ele gritou:

— Você não tinha nenhum direito de mentir para mim! Tenho vergonha de você!

Saleem normalmente era gentil, mas naquele momento ficou furioso com o pai e acabou saindo do quarto irado. Os dois não se falaram por mais de três meses.

— Fiquei arrasado — Saleem lembra hoje —, pois ganhei todo o dinheiro para ele. Mas meu pai foi muito intolerante, e para ele era uma questão de honra.

Depois de um tempo, Saleem percebeu que seu pai sabia que havia sido precipitado. Em vez de alimentar a raiva, Saleem ofereceu perdão ao pai e houve uma reconciliação. O pai de Saleem ficou muito orgulhoso do maravilhoso sucesso do filho, e a ligação entre eles tornou-se ainda mais forte. Esta é uma bela história, pois não fala apenas de sucesso material.

É uma história sobre as possibilidades inacreditáveis para as quais a alma se abre.

É sobre amor recíproco entre pai e filho.

É sobre perdão.

É sobre perceber que a vida precisa ser rica tanto interna quanto externamente para que se possa conquistar o verdadeiro sucesso.

Medo do fracasso

P: Realmente tenho medo do fracasso, então não experimento muitas coisas. Como posso mudar isso?

R: Ninguém gosta do fracasso, mas se você tem muito medo dele não consegue sair para a vida e obter sucesso. E, quando não se sente capaz, como a maioria dos adolescentes, o bicho-papão do fracasso fica ainda mais assustador. Parece que ser jovem faz com que cada ferida fique muito maior. Em vez de teorizar sobre o fracasso, partilharei uma história que me contaram uma vez.

Dançar não é divertido

Quando eu tinha 13 anos, meus pais me obrigaram a fazer aulas de dança. Gritei e esperneei, mas eles insistiram. Numa noite de verão, me vi de repente abraçado a uma garota que nem conhecia, enquanto o professor tentava ensinar foxtrote e valsa. Senti-me bobo e desajeitado.

O professor deve ter notado, pois se aproximou e conduziu a mim e o meu par à frente da turma. Que momento terrível! Senti meu rosto enrubescer e meu coração disparar. O professor fez que repetíssemos infinitamente os mesmos passos. Quanto mais eu tentava, mais sem jeito me sentia. É claro que pisei nos pés da menina, e isso também não foi nada agradável.

A tortura acabou quando o professor desistiu. Lançou-me um sorriso sem graça e disse: "Bem, estou certo que logo vai melhorar." Depois disso, nada poderia me fazer voltar e eu evitei a dança de salão para sempre, como se fosse praga.

Nessa história há muitos ingredientes que fazem com que o fracasso seja tão assustador:

A pessoa prevê o fracasso

Os piores pressentimentos tornam-se realidade

A pessoa é colocada em evidência

A pessoa sofre humilhação
A pessoa foge e jamais volta a tentar

Para que o medo e o fracasso sejam superados, o melhor é focar cada um desses ingredientes de uma vez. O fracasso é um desses problemas que é preferível resolver por partes, em vez de tentar liquidá-lo de uma só vez.

Prevendo o fracasso

Todos têm uma vozinha interior que se manifesta nos piores momentos e sussurra: "Você não é bom. Nunca vai fazer isso certo. Está fadado ao fracasso." Mesmo as pessoas mais bem-sucedidas sofrem com essa demoníaca vozinha interior. Alguns grandes atores e cantores declaram que paralisam com medo do palco antes de entrar em cena. Isso acontece todas às vezes; sempre. Mesmo assim, se controlam para prosseguir e fazer um belo trabalho. Você também é capaz.

Algumas pessoas pensam simplesmente o contrário. Acreditam no provérbio que diz: "Faça mesmo com medo." É possível que seu pai acreditasse que com você também seria assim, ou algum treinador na escola. Eu não sou partidário dessa abordagem. Se uma criança pequena tem pavor de ir à parte funda da piscina e quando vai precisa ser resgatada de lá, não a colocamos novamente no fundo. Começamos na parte rasa e vamos avançando pouco a pouco. É o que também vamos fazer aqui.

Algumas dicas úteis

Seguem algumas dicas para fazer com que essa vozinha de fracasso vá embora:

Respire fundo. Faça isso pausada e suavemente por cinco minutos com os olhos fechados.

Visualize uma cena agradável. Como se estivesse numa praia com palmeiras balançando ao vento. Sinta o prazer de ficar deitado lá, sem preocupações com o mundo.

Relaxe o corpo. Não siga sem descanso.

Cale-se. Não tagarele sobre seu nervosismo e afaste-se de quem age nervosa e ininterruptamente. Se for preciso, saia para se acalmar. Não hesite.

Alongue-se. Muitas tensões mentais na verdade originam-se no corpo e podem ser aliviadas também nele. Bastam poucos minutos ou apenas uma esticada. Não se exercite ao ponto de exaustão; pode ser contraprodutivo para ultrapassar o desafio que realmente precisa vencer.

Você pode fazer essas coisas cada vez que ficar ansioso. Seja antes de uma apresentação musical, uma prova na escola ou uma entrevista de emprego. Será de grande ajuda.

O medo, porém, pode ir além. Você pode também ter pensamentos mais problemáticos, como:

Nunca serei tão bom assim.
Todos sabem que sou um fracasso.
Se cair perto dos meus amigos, eu morro.
O que importa afinal? É idiotice vencer.
Ninguém acha que posso ganhar, então por que deveria?

Se você possui pensamentos como esses, garanto que não é o único. A cabeça é uma coisa engraçada. Utiliza-se do medo para nos ajudar. Sei que é uma ideia peculiar, mas pense nos homens primitivos na floresta, munidos apenas de uma lança e algumas pedras.

Se, nessa fase primitiva, deixassem de obedecer ao medo, poderiam morrer. Todos tinham de estar alertas ao perigo, o qual era real e muito físico.

Parte de nosso cérebro – algumas vezes denominada cérebro primitivo ou cérebro réptil, por ter sido desenvolvida há tanto tempo em nossa evolução e ainda reagir da mesma forma – não identifica a diferença entre uma pequena humilhação numa aula de dança e um ataque por um tigre-dentes-de-sabre. Nos dois casos, hormônios poderosos são liberados para produzir alguns "medos úteis", para que então possamos salvar nossas vidas. Pensando de uma forma bem realista, *simplesmente morrerei se essa garota me derrubar,* em parte o cérebro tem razão.

Lidando com o medo

Por sorte, não existe apenas o cérebro antigo. Você tem de viver com ele, mas não precisa deixar que regule sua vida. De jeito nenhum. Quando realmente estiver com medo do fracasso, faça as três coisas a seguir:

1. ***Obtenha uma avaliação real***: Não acredite apenas nos seus piores medos. Fale com alguém que se importe com você e pergunte: "Como está meu desempenho?" Converse sobre seus receios. Obtenha uma avaliação genuína de como você realmente é. Assegure-se dela. Tente se ver através dos olhos de alguém em quem você realmente confie.
2. ***Reavalie***: O medo pode tirar a sua capacidade de avaliação e fazer com que você veja o mundo de uma maneira mais aterrorizadora do que de fato é. Perceba isso: Você é jovem. O peso do mundo não está em seus ombros. O futuro não é sua responsabilidade. Você está aqui para crescer naturalmente, e ficar aterrorizado não faz parte disso. Faça algo que

realmente curta quando a pressão ficar muito forte. Permita-se rir. Reserve tempo para as coisas nas quais você é bom de verdade.

3. ***Procure melhorar***: É interessante como muitas pessoas pensam que são ruins em alguma coisa, quando, na verdade, nunca aprenderam da forma correta. Não se espera que você seja perfeito, nem mesmo muito bom, até que você passe um tempo treinando. Isso vale para esporte, música, teatro, matérias na escola e relacionamentos. Cada parte da vida é um desafio, e ajudamo-nos uns aos outros por meio desses desafios, ensinando, aprendendo e partilhando. Não exija de si mesmo além da sua capacidade. Procure alguém que possa ajudá-lo a melhorar. É uma forma muito poderosa de se ganhar confiança, e a confiança é o inimigo mortal do fracasso.

Caso queira ver como as coisas estão indo, segue um teste chamado "Uma Receita para o Fracasso". É um tipo de teste no qual é melhor tirar a *menor pontuação* possível.

Uma receita para o fracasso:
Quantos ingredientes há no seu armário?

INSTRUÇÕES

Primeiro, pense em um desafio que tenha medo de enfrentar. Pode ser fazer parte de um time esportivo, passar em uma prova, dominar determinada habilidade ou se relacionar com as pessoas.

Marque cada frase que descreva os pensamentos ou sentimentos que você acha que tem.

- ☐ Isso nunca vai funcionar. Vou afundar.
- ☐ Por que eu quis sempre fazer isso primeiro?
- ☐ O que me fez pensar que eu poderia conseguir?
- ☐ É muito injusto. Tudo conspira contra mim.

- ☐ Isso é muito assustador. Não vou mais pensar nisso. Melhor jogar videogame.
- ☐ Se meus amigos me virem, estou morto.
- ☐ Todos são melhores do que eu. Sou péssimo nisso.
- ☐ Já tentei isso antes e não funcionou. Por que dessa vez seria diferente?
- ☐ Sou mesmo muito azarado.
- ☐ Isso é muito estressante.
- ☐ Realmente não dou para isso.
- ☐ As outras pessoas não me querem por perto, estou melhor sozinho.
- ☐ Vou deixar para amanhã. As coisas podem esperar.
- ☐ Parece que ninguém está me incentivando a fazer isso.
- ☐ Parece que ninguém está torcendo por mim.
- ☐ Na verdade, não estou perdendo. Apenas escolhi não me empenhar.

☐ **TOTAL**

PONTUAÇÃO

0-3 pontos

Ou você não tem medo algum do fracasso ou está se fazendo de bobo. Para saber a verdade, veja a primeira relação "Hábitos para o Sucesso" na página 52, e assegure-se de que está colocando-os em prática.

4-11 pontos

As coisas parecem completamente assustadoras para você agora. Você está pensando muito em fracasso e não o bastante sobre o sucesso. Você se beneficiará rapidamente adotando hábitos para o sucesso.

12-16 pontos

Você está paralisado por ver o pior. As coisas são melhores do que pensa. Você deve começar hoje a desenvolver mais hábitos para o sucesso.

Como ser excepcional

P: **Eu gostaria de ter uma vida realmente excepcional. Há algum segredo para isso?**

R: Uma vida excepcional é procurar alcançar as maiores possibilidades. Acho que há um segredo para isso. O segredo pode ser traduzido em uma única palavra: ***Expectativa***.

Muitas pessoas desconhecem esse segredo. Não percebem que o espírito nos ajuda a alcançar nossas expectativas, mas, antes de tudo, a expectativa precisa existir. Dê a alguém uma expectativa de felicidade, de um futuro melhor, de uma família amada ou de uma vida ideal e, de repente, chegarão forças invisíveis que ajudarão essa expectativa a se realizar.

Conte-me sua expectativa

Isso também acontece com a motivação. Quando alguém pergunta: "Como posso me motivar?" Respondo imediatamente: "Conte-me primeiro sua expectativa." Se a pessoa não tiver uma, logo saberemos que não está se sentindo motivada. Estou simplificando as coisas, porém há dois tipos de pessoas: o que tem uma expectativa e outro que não a tem.

O *visionário,* que acredita em ideais, tem uma expectativa direcionada a um objetivo e a um projeto. Se perguntarmos: "Qual o propósito da sua vida?", essa pessoa tem uma resposta. A cada dia, ela chega mais perto de sua expectativa. Ela pode ver o futuro diante de si. Imagens lhe vêm à mente; sente a expectativa tornar-se mais e mais real. Há dias desencorajadores nos quais ela tem de dar um passo atrás ou, talvez, até mais de um, mas logo sua expectativa ganha vida nova e uma centelha de esperança a incentiva a seguir.

Pablo Picasso e Michelangelo serviriam como grandes exemplos de artistas, assim como grandes líderes políticos como Mahatma Gandhi e Abraham Lincoln, e grandes almas como Madre Teresa e Nelson Mandela.

O *não visionário, aquele* sem ideais, fica à deriva. Uma pessoa desse tipo segue a multidão. Gosta do que a maioria das pessoas gosta, faz o que a maioria das pessoas faz. Fica feliz quando as coisas acontecem do seu jeito e, do contrário, sente-se muito infeliz. O futuro parece incerto ou talvez pior – poderia ser vazio. A pessoa sem expectativa tem que seguir a multidão porque senão ela se autodestruiria, ficaria como um navio perdido no mar. É mais fácil viver uma vida segura com pequenas expectativas.

Não preciso citar exemplos porque a sociedade tem milhões de pessoas sem expectativas. Mas você não precisa ser famoso para ter uma expectativa. Todos precisam ter uma. Tudo que precisa é o desejo de ter o espírito a seu favor. O espírito é a casa de expectativas, porque para a alma tudo é possível.

Quatro questões-chave

Em se tratando de alguém como você, jovem o bastante para fazer quase qualquer escolha na vida, este é um belo momento de escolher sua própria expectativa. Não precisa aceitar a de mais ninguém. Pode modelar seu futuro (ou ao menos, os próximos anos futuros) de acordo com seu próprio ponto de vista.

Tenha sua própria expectativa fazendo-se quatro perguntas:

Que tipo de pessoa quero ser?
Que tipo de trabalho é melhor para mim?

Que tipo de vida me imagino vivendo?

Qual meu desejo mais profundo e minha maior esperança?

Toda vida excepcional surgiu a partir da formulação dessas perguntas. Não acontece de a pessoa tornar-se excepcional por acaso ou ficando parada, esperando que isso aconteça. Recentemente li uma história de uma garota de 15 anos em Denver que fez algo excepcional. Começou um movimento político totalmente por sua conta. O movimento fundamentava-se na seguinte questão: crueldade com animais. A menina começou a sentir que era cruel os circenses viajarem com animais enjaulados. Quanto mais pensava no assunto, mais sentia que não era natural que os animais ficassem confinados atrás de grades e fossem libertados apenas para entreter as pessoas.

Ela poderia ter esquecido a ideia toda e não ter feito nada. Poderia ter impresso alguns folhetos e distribuído no circo, na próxima ocasião que viesse à cidade. Em vez disso, ela fez algo excepcional. Conseguiu coletar assinaturas suficientes para fazer com que o assunto fosse votado publicamente. Então, os eleitores de Denver puderam decidir por conta própria. Pelo que se sabe, ela é a pessoa mais jovem a ter colocado um assunto a um plebiscito, e agora os eleitores poderão escolher se o circo pode ou não ir a Denver.

Leve para o lado pessoal

Podemos ver como essa garota agia movida por uma expectativa e, apesar de não ter falado com ela pessoalmente, posso imaginar como responderia às nossas quatro perguntas:

Que tipo de pessoa quero ser?
Uma pessoa que se preocupa.

Que tipo de trabalho é melhor para mim?
Ativista política para a minha comunidade.

Que tipo de vida me imagino vivendo?
Uma vida de um líder ou um ativista.

Qual meu desejo mais profundo e minha maior esperança?
Ver um mundo sem crueldade contra qualquer tipo de ser vivo.

Se você pode responder a essas quatro perguntas, pode encontrar sua própria expectativa e colocá-la em ação. (Não significa necessariamente ação política ou comunitária, mas a ação que parece certa para você.) Nenhuma dessas perguntas é capciosa, mas são, de qualquer forma, difíceis de responder. O que as faz difíceis é que adolescentes (e muitos adultos) apenas querem ser o que parece bom aos olhos dos outros.

Seja você mesmo

A pressão dos nossos companheiros e familiares faz com que seja difícil ter nossa própria expectativa e não apenas copiá-la de qualquer outra pessoa. Sabe, em todos os questionários que recebi para este livro, nem um único adolescente sequer me perguntou como encontrar sua própria expectativa. Sei, portanto, que há muito a se fazer nessa área. Recebi muitas perguntas de pessoas que queriam saber como ser ricas, famosas ou uma celebridade – o que me fez perceber que os jovens estão muito frequentemente viciados no vazio e nas promessas atraentes da Madison Avenue. Se a pessoa viver de acordo com sua própria expectativa, terá o tipo de satisfação com a qual a maioria das celebridades pode apenas sonhar. Irá, provavelmente, tornar-se mais feliz que o rico. Acredite se quiser.

Então, você vai responder a essas quatro perguntas?

Uma boa ideia seria pedir para sua alma responder por você. Se ela puder fazer isso — e lembre-se, sua alma é parte de você, e não um ser alienígena vivendo no espaço ou numa nuvem —, as respostas dela seriam mais ou menos assim:

Que tipo de pessoa quero ser?
Uma pessoa pacífica e amorosa vivendo alegremente.

Que tipo de trabalho é melhor para mim?
O tipo que me satisfizer mais profundamente.

Que tipo de vida me imagino vivendo?
Uma vida de liberdade, na qual cada dia seja um novo mundo.

Qual meu desejo mais profundo e minha maior esperança?
Encontrar a verdade sobre mim mesmo.

Agora estamos nos aproximando da verdadeira expectativa. Ainda não é a sua expectativa. Não tem seu nome nela, seu toque pessoal. Vamos anexar o toque pessoal no próximo capítulo, que é sobre a busca da boa vida. O que seria a boa vida para você? Bem, não o conheço, mas há algo que precisa estar presente em toda boa vida: amor e saúde. Assim como satisfação e uma centelha espiritual de esperança. O que todos precisamos ter?

Chamo simplesmente de bem-estar.

3

Bem-Estar

"COMO ENCONTRO A VERDADEIRA FELICIDADE?"

Tenho certeza de que você quer uma boa vida. Todos querem. Nem todos, entretanto, acabam conseguindo uma boa vida. Qual o segredo? Os adolescentes se preocupam muito com isso, normalmente mais do que seus pais imaginam. Seguem duas cartas contraditórias, mas que, de alguma forma, se assemelham em seu cerne. A primeira foi enviada por uma garota de 16 anos.

Querido Deepak,

Quando serei feliz? Sinto-me tão vazia a maior parte do tempo. É assim mesmo que deveria sentir-me sendo tão jovem?

A segunda foi enviada por um jovem de 18 anos.

Querido Deepak,

Concluo o ensino médio este ano e acho que parece loucura, mas e se esta tiver sido a melhor época da minha vida? Digamos que tudo piore a partir de agora?

A primeira pessoa está preocupada em nunca ser feliz porque não está feliz agora. A segunda pessoa está feliz agora e receia que a felicidade não dure. Há um velho ditado que diz que a felicidade é fugaz. Não acho que tenha de ser, e sua alma também não acha.

O bem-estar faz parte permanentemente de nós.

É isso que as duas perguntas têm em comum. Os dois adolescentes querem saber como fazer a felicidade durar. Minha resposta para ambos é que a felicidade apenas é durável quando nasce em nosso íntimo, e quanto mais profunda for a fonte da felicidade, mais intensa ela será em nossa vida.

Percebendo a oportunidade

Não desejo aborrecer ninguém que se sente vazio, deprimido ou infeliz, mas nesse caso a pessoa tem realmente a oportunidade de driblar isso. Tem um incentivo para fazer a própria felicidade, pois terá vivenciado como é penoso ficar sem ela. E sendo jovem, a pessoa tem exatamente a idade ideal para aprender a criar seu próprio bem-estar. Muitos adultos se acostumam com a rotina de ficarem arrasados por muitos anos. Sabem mais sobre a vida do que você, mas têm menos habilidade para inovar. Portanto, parabenize-se, mesmo que hoje não esteja se sentindo digno de admiração.

Intitulei este capítulo de “Bem-Estar”, em vez de “Felicidade” porque bem-estar é mais abrangente. A felicidade pode ser apenas um estado de ânimo que muda quando as coisas não vão bem. Bem-estar é mais forte e mais permanente. Quando a pessoa sente bem-estar, sente-se mais confortável. Aprecia a natureza e a beleza à sua volta. Sente amor. Valoriza as outras pessoas. Possui um senso de segurança interior que é difícil ser abalado. Quando colocamos tudo isso junto, é possível obter o que todos desejam – uma boa vida.

Primeiro, porém, vamos dar uma avaliada em seu senso de bem-estar:

Teste da felicidade

INSTRUÇÕES

Leia cada frase e marque ***sim*** ou ***não***. Cada resposta ***sim*** vale um ponto.

- ☐ Sim ☐ Não Gosto do meu corpo.
- ☐ Sim ☐ Não Durmo e me exercito bastante.
- ☐ Sim ☐ Não Tenho bons pensamentos sobre a minha pessoa.
- ☐ Sim ☐ Não Raramente fico deprimido ou pra baixo.
- ☐ Sim ☐ Não Acho bem fácil ficar longe de problemas.
- ☐ Sim ☐ Não Não bebo nem uso drogas.
- ☐ Sim ☐ Não Tenho amigos de verdade que me dão suporte.
- ☐ Sim ☐ Não Posso partilhar praticamente tudo com meus amigos.
- ☐ Sim ☐ Não Não sou muito exigente comigo mesmo.
- ☐ Sim ☐ Não Os outros me tratam como a pessoa legal que sou.
- ☐ Sim ☐ Não Tenho uma vida espiritual que me conforta e me ajuda a crescer.
- ☐ Sim ☐ Não Acredito em um Deus de verdade.
- ☐ Sim ☐ Não Dedico um tempo semanal fazendo boas ações para outros.
- ☐ Sim ☐ Não Dar me faz bem.
- ☐ Sim ☐ Não Gosto do meu temperamento. Não me meto em grandes brigas ou discussões.
- ☐ Sim ☐ Não Digo o que sinto. Não guardo ressentimento ou rancor.

☐ Sim ☐ Não Adoro estar fora de casa. Dedico um tempo à natureza.

☐ Sim ☐ Não Prefiro ver um belo pôr do sol do que jogar videogame ou assistir à TV.

☐ Sim ☐ Não Sou otimista em relação ao meu futuro.

☐ Sim ☐ Não Cada ano da minha vida fica melhor.

☐ **TOTAL**

PONTUAÇÃO

0-6 pontos

Felicidade é um grande tema para você. Você não sente que tem alguém com quem possa dividir seus verdadeiros sentimentos. Apesar do quão sozinho você sempre se sente, pode criar uma boa vida para si próprio. A chave é você se modificar seguindo uma nova meta que vai lhe mostrar como se sentir melhor a respeito de si mesmo. Uma vez que tiver as chaves certas, terá muita chance.

7-14 pontos

Você está feliz na maior parte do tempo, mas nos seus momentos depressivos tem algumas dúvidas. Trabalhando no seu próprio bem-estar fará muito progresso. Agora é o melhor momento da sua vida para descobrir os segredos da felicidade e realmente aplicá-los.

15-20 pontos

Você tem um senso de bem-estar bom que desenvolveu quando era mais novo. Agora cabe a você partilhar sua felicidade. Se olhar em volta, encontrará muitas pessoas que se beneficiariam pela luz que você emana tão naturalmente.

Seu eu verdadeiro é feliz

Quando se está feliz sente-se simples e facilmente a felicidade. É mais complicado quando não se está. Mas a boa-nova é: *Bem-estar é o seu verdadeiro eu.* Sua alma contém uma grande reserva de bem-estar que você pode explorar. Quando encontrar seu verdadeiro eu, estará seguro, em paz, e com alegria em seu coração. Isso é verdadeiro em qualquer idade, seja velho ou jovem. É a promessa espiritual com a qual todos nascemos para realizar.

Por que você ainda não encontrou seu verdadeiro eu?

Porque sua vida foi muito complicada. Porque é fácil não perceber, mesmo quando você não se sente muito bem. Porque ninguém lhe deu nenhuma informação útil sobre como construir sua própria felicidade. Por essas e outras razões, os adolescentes sempre acabam se sentindo infelizes sem ver uma saída.

Honestamente, esses podem ser os anos mais sensíveis da vida emocional, mas crie coragem: São também os anos mais promissores e dotados de um incrível potencial.

Esteja você se sentindo bem neste momento ou não, há uma forma de criar seu próprio bem-estar. Primeiro vou ressaltar o programa, depois vamos pegar cada ponto de uma vez.

DEZ CHAVES PARA O BEM-ESTAR: **Promessas diárias para serem seguidas**

1. Me certificarei de que meu corpo está saudável.
2. Me certificarei de que a minha mente está saudável.
3. Farei o que sei que é certo.
4. Ficarei perto de pessoas que realmente se importam comigo.
5. Não me autojulgarei ou me depreciarei.
6. Farei amigos espirituais.
7. Farei uma contribuição.
8. Evitarei a violência de todas as formas.
9. Serei caridoso naturalmente.
10. Nunca deixarei de crescer.

Se você conseguir manter essas promessas para si mesmo, terá feito o máximo para criar o bem-estar em sua vida. Essa relação é um plano de vida que funciona em todos os níveis, começando em seu corpo, mas incluindo também sua mente, seus relacionamentos, autoimagem e emoções.

Quer saber o segredo da felicidade?

O segredo da felicidade é incluir todos esses itens. Cada um deles é importante.

Uma vida equilibrada

Agora que você sabe o segredo, pode, portanto, parar de lutar para se fazer feliz ou fingir que está feliz quando na verdade não está. Tudo que tem a fazer é entrar de cabeça numa abordagem balanceada da vida. É a forma mais natural e a que melhor funciona.

Ficará surpreso como tantas pessoas negligenciaram um ou mais desses itens. Um atleta campeão tem um corpo lindo de morrer, mas talvez tenha esquecido como se relacionar com os outros ou como manter uma autoimagem poderosa quando perde uma disputa. Um gênio em matemática pode esquecer que tem um corpo ou que existe um lindo mundo natural a ser explorado. Uma menina com uma personalidade encantadora pode virar as costas e não oferecer felicidade aos outros e preferir falar o tempo todo. Esses desequilíbrios são prejudiciais para a permanência do bem-estar.

Eu quero que você invista pessoalmente em cada item do programa, então cada um incluirá três características pessoais. Marque o perfil que *melhor se aplicar a você neste momento*. Dessa forma terá um bom ponto de partida para perceber o progresso que terá na continuidade da sua jornada espiritual.

Perfil nº 1: É uma pessoa com um *grande senso de bem-estar.*

Perfil nº 2: É uma pessoa com um *senso de bem-estar médio.*

Perfil nº 3: É uma pessoa com um *senso de bem-estar de mau a pior.*

Não acredito que se identifique com apenas um desses perfis — nem precisa —, mas eles delineiam algumas crenças típicas que encontrei ao longo dos anos entre jovens.

A primeira chave para a felicidade: **Um corpo saudável**

Com qual perfil você mais se identifica?

Perfil nº 1

Gosto do meu corpo. Exercito-me mais do que a maioria dos adolescentes porque me faz bem. Não sou obsessivo por minha aparência. Percebo que meu corpo é meu amigo e meu suporte. Respeito isso e não coloco nada em meu corpo que não seja bom para ele.

Perfil nº 2

Meu corpo simplesmente existe. Não o percebo a não ser quando adoeço ou em alguma situação que me faça consciente de sua existência. Exercício não combina comigo – prefiro ficar em meu quarto fazendo qualquer outra coisa. Tenho preferência por comidas não saudáveis. Não tenho nada contra o uso de drogas ou álcool.

Perfil nº 3

Sinto-me mal dizendo isso, algumas vezes simplesmente odeio meu corpo. Por que ele não é tão bom quanto o dos outros? Preocupa-me a forma como os outros me veem e, mesmo querendo um corpo melhor, abuso comendo demais ou ingerindo comidas erradas. Meu autocontrole é péssimo. Socorro!

Uma descoberta da medicina

A primeira chave para a felicidade é um corpo sadio. Nosso corpo faz uma grande diferença em relação ao nosso bem-estar. Uma das maiores descobertas da medicina de todos os tempos foi constatar que nossos corpos ajudam a nos tornar felizes ou infelizes. Algumas químicas cerebrais, como a serotonina, realmente melhoram nosso humor. Se pudermos aumentar esses benefícios naturais ao humor, as coisas que nos deixam mal enfraquecerão. Você já deve ter ouvido falar no barato da corrida, uma sensação de euforia que muitas pessoas sentem ao se exercitarem. Esse é um bom exemplo em como um simples ato pode elevar os níveis químicos (chamados endorfinas) que levantam seu humor.

Cuidar do corpo, então, não é apenas se preocupar com a aparência. Na verdade, ter boa aparência – no sentido de empenhar-se para ter um corpo perfeito – não aciona necessariamente a química certa. A pessoa pode ser a mais bela supermodelo e ainda assim se sentir tão insegura que seu corpo produzirá exatamente a química oposta, que aumenta seu nível de estresse. Pode ser um campeão de futebol e acabar com tantos danos físicos que passa a ter dores por anos a fio.

O estresse não é útil

Não é bom forçar seu corpo a fazer o que você ou qualquer outra pessoa deseja. Muitos se esquecem disso. Um menino de 15 anos perguntou:

Querido Deepak,

Venho de uma família de atletas e quando era mais novo meu pai me forçava a atividades físicas pesadas.

Na verdade, não gosto de treinar intensamente, mas receio que serei uma decepção se não o fizer. O que posso dizer ao meu pai para fazê-lo cair em si?

Diga-lhe que está mais do que provado pela medicina que o estresse é mais maléfico para a pessoa do que o benefício trazido pelo exercício. Quando a pessoa curte se exercitar, todo o organismo se habitua à química que alivia o estresse, mas em compensação, quando a pessoa odeia fazer exercícios, a serotonina e a dopamina fazem com que o corpo seja invadido por componentes químicos que aumentam o estresse, como a cortisona e até a adrenalina. (Ao contrário do que diz o mito popular, a adrenalina em alto grau é um hormônio que baixa o rendimento do organismo e leva à exaustão física e mental caso seja liberada em grande quantidade ou com muita frequência.) Assim como também não é tão importante malhar pesado. A sensação de bem-estar acontece com a atividade certa e não indo até o limite. Qual a atividade certa?

A boa atividade para o corpo

- Um exercício leve que tire a pessoa do sofá e da frente do computador.
- O exercício que faça a pessoa sentir-se melhor depois de fazê-lo do que antes de começar.
- Qualquer atividade física que relaxe a pessoa mentalmente.
- Uma atividade que esteja em equilíbrio com o restante da vida da pessoa.

Esses pontos são fáceis de serem colocados em prática desde que a pessoa os tenha na cabeça. O que poucos sabem é que é melhor fazer qualquer tipo de exercício do que manter o corpo ideal. O maior risco à saúde, como o ataque cardíaco e diabetes, acontece com quem não faz absolutamente nada além de ficar em casa ou que trabalha o dia todo em um escritório. A pessoa que pratica caminhada quatro vezes por semana deu o primeiro grande passo para evitar esse risco. Ir além e manter-se com um corpo ideal também é bom, porém é mais ou menos como ganhar um prêmio extra.

Não há vitória sem dor?

Não sou um grande adepto de: "Sem dor não há vitória", quando o assunto é escola ou esporte. Funciona para alguém que é extremamente competitivo e motivado a ganhar a qualquer custo. Noventa por cento dos adolescentes não estão incluídos nesse lema. O que explica por que o número de adolescentes que se exercitam regularmente caiu desde o início dos anos 1960. Hoje, apenas cerca de 6% da população adulta está engajada em qualquer exercício regular... Sendo a caminhada o mais comum.

Portanto, comece cedo, antes de criar o hábito de ficar sentado o dia inteiro apenas tendo como exercício a caminhada até a geladeira para ver se ainda há algum resto de pizza esquecido. Sei que para a maioria das crianças a aula de educação física era uma tortura prematura que batizava o exercício físico com um nome feio. Caso isso se encaixe a você, então não se esforce em aderir a um time esportivo ou a alguma atividade que traga qualquer exposição às outras crianças. Você pode pedalar sozinho ou com um amigo. Pode conversar com seu colega durante uma hora enquanto caminha, em vez de ficar deitado na cama com o telefone pendurado na orelha.

"Odeio meu corpo"

Suponhamos que a situação esteja totalmente desfavorável e que a pessoa de fato odeie o próprio corpo. Segue a pergunta de uma menina de 15 anos que passava por uma situação dessas:

Querido Deepak,.

Por que as crianças pegam tanto no pé de alguém por ele ser gordo?

Fico com o coração na mão por ela, pois sei como as crianças podem ser muito cruéis. Hoje em dia as crianças tendem a ser gordas cada vez mais novas. Provavelmente essa menina sofreu zombaria por muito tempo (o que sem dúvida fez com que ela comesse mais e mais para neutralizar o sofrimento). Os jovens em geral tornam-se muito críticos com relação à própria imagem corporal.

Os conselhos a seguir são normalmente ouvidos por adolescentes com problemas de peso:

"Você é bonito de outras formas."
"Você é uma pessoa incrível, esqueça o peso."
"Você tem bastante sorte em outras áreas."
"Não pense muito em si mesmo."
"Seu problema é que não é muito disciplinado."
"Não o vejo como um gordo."
"Tome mais uma bola de sorvete. Se sentirá melhor."

Nada disso na verdade ajuda quando as crianças se sentem tão infelizes que mal querem aparecer em público. Claro que há um conselho certo, que é o de seguir uma dieta e parar de comer tanto. Mas isso pode ser muito difícil quando se está preso a velhos hábitos, quando a família toda usa a comida para se sentir bem ou quando há outras coisas que fazem com que a pessoa sinta-se tão mal, que comer seja a única coisa que faz a pessoa esquecer. Comer em demasia é, na maioria das vezes, um problema emocional e não simplesmente físico. E, mesmo quando se torna um problema físico, o fator emocional sobressai, uma vez que a provocação e a autoimagem ruim começam a se acumular.

Em algumas sociedades a beleza é medida pela aparência de bem nutrida da menina e as magrelas não são apreciadas. Mas, magro ou gordo, ninguém é perfeito. E nem sempre atende a todas as expectativas. A pessoa precisa conviver com quem não se importa como ela se sente.

O melhor conselho

Gostaria de dar outro tipo de conselho: *De qualquer forma promova uma boa vida para você.*

Trabalhando nos dez itens do programa do bem-estar, um dia você se sentirá tão bem em relação a si mesmo que uma das duas coisas acontecerá: (1) Chegará à conclusão de que estar acima do peso não é a tragédia que achava que era; (2) Se sentirá tão bem consigo mesmo que as razões emocionais que geram compulsão pela comida irão desaparecer. Até que uma dessas duas coisas aconteça, será muito difícil livrar-se do excesso de peso. Ele cumpre uma função. A necessidade de comer mais é proporcional ao ódio pelos garotos pretensiosos.

Sei que parece engraçado. Muitas garotas e garotos obesos realmente se sentem infelizes por suas aparências. Mas eis aqui outro segredo que a maioria não percebe: *A dor não motiva as pessoas a mudar*. A dor não é suficiente para motivar a criança obesa que é impiedosamente provocada ou o fumante compulsivo que mal pode respirar e enfrenta todos os tipos de doenças, tampouco o viciado que causa imensa tristeza a todos em sua volta. Todos esses maus hábitos são terríveis para o corpo. São terríveis empecilhos para alcançar o bem-estar. Apesar disso, até surgir algo melhor, esses hábitos são, na maioria das vezes, a única forma que a pessoa conhece para se sentir bem.

Conexões mente-corpo

Veja bem, o corpo é conectado à mente. Quando temos uma pedra no sapato, apenas podemos dizer "ai" e arrancá-la fora. É óbvio. Quando a mente entra em cena, passa a haver uma dor psicológica a ser considerada. Então as coisas ficam mais complexas do que uma simples pedra no sapato. Conheço um monte de obesos que comem apenas saladas frugais em público e quando estão sozinhos beliscam e comem porções extras de bolo de chocolate. Algum fator psicológico faz com que ajam assim. É uma guerra entre o "bom para mim" e o "mau para mim". Todos participam dessa guerra. O único jeito de ganhar é proporcionar-se uma vida tão boa que o "bom para mim" fica poderoso. Quando ele se sentir forte o bastante, a pessoa será capaz de olhar para o "mau para mim" cara a cara e começar a resolver os seus problemas.

Essa é a razão mais profunda para pedir que você seja bom para o seu corpo. É preciso deixá-lo no lado do "bom para você", pois você merece isso. Sua alma sabe que tudo em você é bom e conforme você progride chega à mesma conclusão.

Álcool e drogas

Agora vamos à pior parte de como os adolescentes tratam seus corpos. Um iniciante do ensino médio perguntou:

Querido Deepak,

Meus pais são totalmente contra eu beber ou usar qualquer tipo de droga sintética. Tudo bem, mas eles não imaginam como o álcool e as drogas são comuns na escola. Não é melhor dizer-lhes que uso às vezes do que fazê-lo às escondidas?

Não estaria sendo honesto comigo mesmo se dissesse que o consumo de álcool e drogas é completamente errado. Adultos falam há décadas a seus filhos que ambos devem ser evitados, e mesmo em um tempo onde as escolas educam os alunos contra as drogas o uso delas é muito frequente. A pressão dos colegas faz com que os jovens experimentem álcool e drogas. A curiosidade e o encanto de um prazer culpado reforçam a pressão do grupo.

Então a questão não é o que você vai dizer a seus pais... Afinal de contas, sabe que eles são terminantemente contra. A real questão é o que você dirá para si mesmo. A moralidade pode ir apenas até certo ponto. De certa forma cada um de nós é responsável por nossas próprias ações. Se o adolescente é muito jovem, entre 12 e 15 anos, apoio os pais que não medem esforços para manter os filhos limpos e sóbrios. Não digo isso como um aviso de que um drinque arruinará a vida de alguém, mas para deixar claro que é injusto pedir que um adolescente tome decisões adultas quando coisas tão sensíveis como drogas e álcool estão envolvidas.

A partir dos 16 anos, ou melhor, da maioridade, acredito que o jovem já seja suficientemente maduro para se conhecer um pouco melhor. Basta um drinque ou uma pílula para ele medir sua sensibilidade. O experimento é útil para um melhor autoconhecimento. Assim que a curiosidade passa, a grande maioria dos jovens se afasta por conta própria.

Beber socialmente?

De qualquer forma, a grande exceção é beber socialmente. Os jovens de hoje costumam consumir mais álcool que os das gerações passadas. O álcool é, de forma errada, considerado uma droga "inofensiva", quando na verdade é associado a uma grande parte das mortes em estradas, ao crime, à violência doméstica e aos acidentes que ocorrem. Faça a pergunta mais básica: Por que beber? A resposta é: Porque faz com que você se sinta bem. O álcool afasta a timidez, até mesmo em doses pequenas. Mas também é uma substância tóxica, um fato óbvio, se pensarmos que apenas uma overdose pode matar.

Já que campanhas antiálcool têm feito tão pouco para desencorajar os jovens a beber — especialmente os pilequinhos —, ofereço uma nova ideia. Se a bebida faz com que você se sinta livre, tente sentir essa liberdade sem o álcool. Sua alma pode fazer com que você sinta essa liberdade. O álcool faz com que você se sinta bem porque suas moléculas penetram em certos receptores das células cerebrais. Esses mesmos receptores podem ser alimentados com moléculas produzidas por você mesmo. Veja a alegria no rosto de alguém que tenha ganhado na loteria ou se apaixonado, e estará vendo o resultado dos espaços dos receptores sendo preenchidos espontaneamente, sem o uso de drogas externas. O que nos leva a uma regra geral sobre abuso de substâncias: *Se você está viciado em algum tipo de prazer, a melhor forma de acabar com seu vício é achar um prazer melhor.*

Como o vício funciona

Ao contrário da opinião popular não é a droga que faz o vício. Entre cem pessoas que tomam um drinque, cinco ou seis se viciam. As outras não se sentem viciadas. Para as viciadas, o álcool é um fator a mais:

O álcool faz com que se sintam melhor
do que se sentiriam por conta própria.

Faz com que se esqueçam dos problemas.

Faz com que se esqueçam de si mesmas.

Traz uma sensação temporária de poder e liberdade.

Fornece falsa autoestima.

Se olhar para essa relação, verá que tudo nela é bom. É bom ter prazer, autoestima, sensação de poder pessoal e liberdade. Esses são, de fato, alguns dos maiores objetivos pessoais na vida. A maioria das pessoas, entretanto, sabe a diferença entre as sensações reais e as criadas por álcool e drogas. As viciadas não sabem. Elas querem ter acesso às coisas boas, mas não conseguem sem o uso de uma substância externa. Nesse sentido, o vício é um problema espiritual. O melhor antídoto, acredito, é buscar a espiritualidade e tentar ocupar os espaços vazios que há em seu interior. Não me preocupo muito com as drogas sintéticas e o álcool; estou mais preocupado com as pessoas que se sentem vazias e desespiritualizadas. Se a pessoa pode se livrar desses sentimentos, o abuso dessas substâncias desaparece automaticamente.

A segunda chave para a felicidade: **Uma mente saudável**

Você se identifica mais com qual perfil?

Perfil nº1

Gosto do que acontece na minha mente. Tenho bons pensamentos sobre mim e as outras pessoas. Minha imaginação cria coisas que me agradam. Sinto-me mentalmente leve e gosto de um bom desafio ao meu intelecto. Sei que sempre haverá alguém mais esperto do que eu, mas farei o melhor uso da inteligência que possuo.

Perfil nº2

Minha mente está legal, mas algumas vezes fico deprimido. Lembro de ter ficado embaraçado na escola porque disse alguma coisa idiota em sala. Prefiro usar minha mente para jogar videogame ou praticar esportes do que estudar. Ter uma mente média está bom, imagino, mas admito que me mantenho fora dos desafios mentais quase o tempo todo.

Perfil nº3

Não quero pensar sobre a minha mente. Não vou participar desse jogo. Eu normalmente fico calado em aula. Tenho más lembranças da escola desde muito cedo. Ninguém me encorajou a pensar ou a usar minha imaginação. Intimamente imagino que talvez eu seja mais imbecil do que os outros podem supor.

Esperto ou burro?

Esperto ou *burro* são palavras pesadas e eu procuro não usá-las. O próprio Einstein era considerado burro na juventude. Hoje em dia, assim como naquele tempo, as pessoas fazem julgamentos precipitados. Muitos na infância, com deficiências visuais ou auditivas, foram mantidos em classes para crianças deficientes mentais porque alguns adultos não viram em tempo que o problema não era falta de intelectualidade, mas sim uma deficiência física. A mente de uma pessoa não é igual à de outra. Cada um de nós tem pontos fracos e fortes nos quais usamos nossa mente. O adulto americano mediano é capaz de ler e compreender bem embora não seja capaz de desenhar além do que o básico aprendido na escola. (É bem diferente na Suíça, onde todos, não apenas as crianças em aula de artes, aprendem a desenhar.) Em muitas escolas as aulas de atividades manuais são para as crianças "burras", e mesmo num país como a Nova Zelândia as crianças espertas aprendem a fazer reparos numa casa e outros trabalhos manuais. Quando você for velho o bastante para ter sua própria casa, vai lamentar os dias em que não aprendeu a consertar um vazamento no banheiro ou a ladrilhar o piso. As crianças chamadas de burras vão à forra quando crescem e se tornam artesãos gabaritados.

A questão é se a mente da pessoa contribui para sua boa vida. Todas as melhores coisas vêm através da mente: arte e ciência. Diversão e amor. Sonho e imaginação. Mas a mente pode ficar desencorajada e, quando isso acontece, deixa de contribuir para a boa vida. Acredito que esse é o maior problema dos adolescentes, têm suas mentes desencorajadas e não percebem.

A seguir alguns sintomas de uma mente desencorajada.

Uma mente desencorajada: **Você se enquadra em algum destes sintomas?**

Desiste de aprender lições na aula.

Mata aulas, ignorando prazos para entregas dos deveres de casa.

Cruza os braços em classe e não participa da aula.

Comporta-se de modo chamativo em classe, dando uma de palhaço ou rebelde para chamar a atenção.

Não lê mais por prazer.

Não faz uso da sua imaginação.

Guarda seus pensamentos para si mesmo.

Recusa-se a debater suas crenças e preferências.

Fica limitado e prejudicado em seu pensamento.

As coisas que aparecem no início dessa lista são as mais óbvias. Não é difícil apontar crianças que desistem de aprender na escola. Mas alguém acha que o palhaço da turma possa ter a mente desencorajada? Ou o intolerante e intelectualmente limitado da escola que diz coisas desagradáveis para as pessoas de cor? Quando a pessoa é saudável, sua mente não é limitada, e quando deseja realmente que sua mente se sobressaia, não precisa ficar dando uma de palhaço por aí ou subjugando as pessoas.

Melhorando

O primeiro passo para uma mente saudável é cuidar de qualquer sinal de desencorajamento. Faça logo isso, antes que tenha ido muito longe e não haja tempo suficiente para realizar seu sonho pessoal. Se permitir que a mente permaneça desencorajada, deixará seus sonhos em segundo plano ou abandonará todos os seus sonhos de uma vez por todas. Quanto mais a mente é usada da forma certa, mais saudável ela fica. Há uma lista para isso também.

Uma mente saudável:
Usando sua mente da maneira correta

Leia bons livros em vez de besteiras.
Use sua imaginação.
Pense por conta própria e não da forma como disseram que você deveria pensar.
Aceite novos desafios.
Não desista tão facilmente. Volte e pense de novo.
Ande com pessoas mais espertas do que você.
Aprecie-as e curta-as, não se preocupe com a competição.
Encontre um hobby mental (que não sejam videogames).
Aprenda um pouco de matemática e ciência.
Engaje-se em discussões boas e difíceis.
Pense em coisas realmente significativas, como a paz mundial e a Aids.
Use sua mente para ajudar a outros.

O importante nessa lista é que tudo nela contribui para a boa vida. Sua mente é a parte mais importante para o seu bem-estar. Não estou falando de QI. Partilhe seus pensamentos com pessoas que tenham interesse e escutem. Os adultos que conheço, e que têm mentes saudáveis, não têm necessariamente grandes cérebros – são pessoas que seguem as coisas dessa lista. A pessoa pode ter um grande intelecto e desenvolver temas imensamente complexos e ainda assim se esconder do mundo e ter hábitos mentais não saudáveis. Conheço também jovens que se sentem muito tristes porque nenhum membro da família conversa com eles ou troca ideias. Os familiares ficam intimidados – é surpreendente o número de pais e mães que se intimidam perante um filho brilhante – ou não lhe dão atenção.

Mas é preciso estar atento. A mente é um músculo como outro qualquer e quando não é exercitado começa a se atrofiar. É lógico que este livro fala em como obter uma mente saudável porque é preciso que a experiência espiritual também ocorra através do sistema nervoso. Não há nada melhor do que o despertar de uma mente. Deflagra a percepção, a espontaneidade e o desejo. E tudo isso é proveniente de nossa mente. A mente pode ser uma das coisas mais admiráveis da vida de uma pessoa.

Vejamos os perfis a seguir. Descrevem os tipos de atitudes mentais que os jovens costumam ter. Você não vai se encaixar perfeitamente em nenhum deles, mas eles dirão algo sobre você.

A terceira chave para a felicidade: **Fazer a coisa certa**

Com qual perfil você mais se identifica?

Perfil nº 1

Definitivamente me vejo como um bom cara. Fiz-me presente para alguém em apuros. Pulei fora quando outros jovens tentaram me forçar a fazer algo que eu sabia que era errado. Não julgo os outros. Ser bom é uma coisa pessoal e eu conheço meus valores. Tenho a cabeça aberta para qualquer estilo de vida que não cause prejuízo a ninguém. Devoto mensalmente algum tempo para ajudar quem precisa.

Perfil nº 2

Claro, sou bom, mas gosto de fazer o que quero. Se eu encontro uma pasta na rua, fico tentado a pegar pelo menos alguma parte da grana que esteja dentro. Aprendi a dar o bote quando realmente quero fazer algo de errado e não tenho o dom da liderança. Na maioria das vezes, tenho uma boa consciência, desde que não me analise muito a fundo.

Perfil nº 3

Ei, é bom ser mau. Acredito que os outros não têm o direito de dizer como devo agir. Sou uma mulher (um homem) de verdade. Sei o que é estar em problemas, mas eu os supero. Aparo as arestas quando preciso e sou sortudo e esperto o bastante para não ser apanhado. Algumas vezes sinto a consciência pesada e sei que os outros jovens não têm uma boa opinião a meu respeito, mas e daí? Já estou num estágio que não tem mais volta ou quase lá.

Por que fazemos as coisas erradas?

Acabei de falar sobre mentes desencorajadas. Quando ultrapassa o limite do desencorajamento, algo de novo acontece. A pessoa deixa de fazer o que acha certo. Muitos criminosos, de acordo com as regras da sociedade, sabem a diferença entre o certo e o errado, mas há muito tempo perderam a capacidade de decidir fazer o que sabem que é certo. Sentem como se o "lado mau" tivesse em algum momento assumido o comando. Talvez até digam: "É ela, a força do demônio, que está no comando." Esses casos extremos, porém, começam com algo simples: a falta de ação de acordo com os bons impulsos, desistindo de lutar contra os maus impulsos.

Para ter uma sensação de bem-estar, é preciso agir com os bons impulsos. Os maus impulsos não desaparecerão. Precisam se fazer presentes, disputar sua atenção. O caso não é ser um anjo ou tão puritano que a pessoa começa a pensar na própria santidade. É estar suficientemente alerta para extrair o bom do ruim quando for importante.

O momento da decisão: **Quando o bom e o ruim são realmente importantes?**

Quando suas ações prejudicarem a si mesmo ou a alguém.

Quando houver a possibilidade de alguém ser humilhado.

Quando souber, se sentirá culpado no dia seguinte.

Quando houver a possibilidade de afetar um relacionamento importante.

Quando houver a possibilidade de abrir precedentes para outras coisas ruins.

Quando houver a possibilidade de violar o direito de quem quer que seja.

Quando houver a possibilidade de perder sua dignidade.

Quando houver a possibilidade de autocondenação.

Melhores escolhas

Assim, no momento da decisão, é preciso considerar também outras coisas que estão dentro de você. Se olhar de novo a lista, verá que cada item foca algo que deseja para você:

O desejo de ser uma boa pessoa.

Manter a dignidade e a autoconfiança.

O desejo de não ferir ninguém mais.

O desejo de não se sentir culpado quando for muito tarde para mudar as coisas.

O desejo de se sentir seguro e no controle da situação.

Há muitas emoções ligadas aos desejos maus ou impulsivos, mas há também emoção ligada a essas coisas boas também. Você é o único que pode encontrar o equilíbrio. É o segredo para conviver com seu "lado bom" e com seu "lado ruim". Não há perdão para quem ultrapassa o limite, mas você sabe escolher. Esquecimento às vezes pode ser muito bom para você. Esquecendo sua inibição, descobrirá uma parte de você que talvez jamais teria encontrado de outra forma. Ninguém está lhe pedindo que seja como a filha ou o filho de um pastor (essas pessoas são as primeiras a ceder à tentação, que é muito doce para ser recusada). O fato é que fazer as coisas certas é parte da boa vida. Isso faz com que seja construído um ego melhor do que quando a pessoa faz a coisa errada ou dá de ombros e decide não pensar sobre o bom e o ruim. O bom e o ruim estarão sempre entre nós, e traçar um bom percurso entre eles será sempre uma das maiores recompensas da vida.

A quarta chave para a felicidade: **Alguém que se importe**

Qual o perfil que mais se aproxima do seu?

Perfil nº 1

Minha família me ama e pelo menos um membro da família é como meu melhor amigo. Não tenho receio de dizer como realmente me sinto. Eles me respeitam e escutam o que tenho a dizer. Sei que sempre terei alguém em minha vida que se importa comigo como pessoa.

Perfil nº2

Tenho uma boa família, mas não passamos muito tempo juntos. Cada um sai para cuidar de suas próprias coisas. Tomo cuidado com o que digo – às vezes nem sempre é bom quando falo o que realmente penso. Gostaria de ter alguém em quem confiar, mas pelo menos tenho bons amigos e espero que alguns deles sejam meus amigos por um longo tempo.

Perfil nº3

Minha família não me compreende muito bem. Há regras e comportamentos em minha casa com os quais não concordo. Mas é como se minha opinião não contasse, assim escolho a dedo o que realmente quero fazer com meu tempo e meus próprios amigos, quando estou em casa. Temos bons momentos juntos, mas para lhe dizer a verdade, não partilho nenhum sentimento profundo para com os amigos com quem ando.

Fazer parte

Um fator importante para a felicidade é sentir que fazemos parte de algo. Fazer parte não significa ser parte de nenhuma facção ou de uma gangue ou mesmo um grupo de amigos com os quais se diverte. Significa ter uma ligação com alguém tão próximo que se pode dizer qualquer coisa que queiramos. A juventude é uma fase de experiências. É preciso tentar falar de formas diferentes sobre você, com humores e ideias diferentes espontaneamente. Em poucos anos essas atitudes provavelmente mudarão bastante, mas não saberemos como serão até que tenhamos tentado.

Lembro-me de quando estava circulando pelas ruas da Índia experimentando todos os tipos de atitudes com meus camaradas. Fingíamos ser foras da lei ou estrelas de cinema. Fingíamos ser uma coisa e no minuto seguinte éramos crianças excitadas. Acho que foi um período produtivo, e espero que você também possa passar por momentos como esses. Mas há uma coisa que aprendi apenas um pouco mais tarde: é preciso se abrir para pessoas que gostam de você ou estará apenas fingindo representar as atitudes. Você tem de contribuir também para se relacionar bem com os outros.

Quanto mais intensamente alguém se importar com você, mais profundamente você se importará consigo mesmo.

Quando alguém realmente se importa

Esta é uma das regras da vida espiritualizada, embora muitos adolescentes tentem escapar dela. Eles fingem não se importar. Tentam se virar sozinhos. Guardam segredos e criam um mundo à parte em seus quartos. Sim, é possível se isolar por um tempo em um mundo à parte, mas não é tão proveitoso quanto ouvir outra pessoa dizer coisas como:

"Você é o máximo. Não sei como viveria sem você."

"Adoro ouvir o que você tem a dizer."

"Você realmente se conhece bem. Gosto disso."

"As pessoas vão gostar de ouvi-lo."

Seria maravilhoso que todos os adolescentes ouvissem essas palavras em casa. Mesmo que não as ouça, cabe a você encontrar um meio de ouvi-las de alguém. Você precisa fazer uma avaliação do seu valor. É assim que a verdadeira e duradoura autoestima é construída. A pessoa passa a saber que é importante. Sua importância não é condicionada a nada. É isso. Você não é importante por ser esperto, porque obedece aos seus pais ou porque é bonito e popular. Tudo isso é irrelevante. Você deve ser importante apenas por ser você. Você pensa assim? Faça-se as seguintes perguntas:

Tenho certeza de que serei perdoado em casa se fizer algo realmente errado?

Meus pais vão gostar se minhas notas na escola caírem ou ficarão desapontados e questionarão sobre isso?

Se eu namorasse uma pessoa negra ou tivesse como melhor amigo uma pessoa homossexual, meus colegas ainda gostariam de mim?

Se eu distribuísse na escola bótons de candidatos políticos que não fossem populares, meus amigos ainda me respeitariam?

Fazer sucesso

Essas podem ser perguntas hipotéticas. Na vida real essas situações podem nunca vir a acontecer. Mas sempre vai chegar o momento em que você descobrirá que as pessoas gostam de você apenas pelo que você é ou apenas porque querem algo de você. Querem companhia. Querem que gostemos delas. Querem partilhar interesses e opiniões. Se você relaxar e der o que querem, as coisas fluirão suavemente.

Uma garota me disse: "Eu andei com minha melhor amiga por quatro anos e um dia ela se virou para mim e disse: 'Não venha mais na minha casa. Não somos mais amigas.' Fiquei totalmente chocada, mas depois de um tempo cheguei à conclusão de que, por todos aqueles anos, nunca tive coragem de perguntar como ela de fato se sentia a meu respeito. Imagino que ela tivesse alguns sentimentos ruins e a única forma que ela tinha para se ver livre deles era dizendo adeus. Aprendi uma lição com isso. Agora, mesmo tendo um pouco de receio, tento descobrir como alguém se sente ao meu respeito antes de ir tão fundo."

Da mesma forma que essa garota, você precisa saber se é querido apenas por ser o que é. Talvez tenha de arriscar e fazer algo de que o grupo não goste. Assim as coisas ficarão realmente interessantes. Há muito a ser dito sobre isso. No próximo capítulo sobre relacionamentos, irei mais a fundo em como fazer amigos verdadeiros. Agora apenas saiba que, para desfrutar a sensação de bem-estar, precisa se importar profundamente com você e com as pessoas que se importam com você com a mesma intensidade.

A quinta chave para a felicidade: **Sem autojulgamento**

Qual o perfil mais parecido com o seu?

Perfil nº 1

Sinto-me muito completo e feliz comigo mesmo. Não me sinto intimidado. Os outros podem me rebaixar porque eu não me rebaixo. Não ligo para o que falam de mim. Posso ficar magoado por um dia, mas esqueço logo a opinião alheia e continuo a fazer o que sempre fiz: tento fazer de mim o melhor que posso.

Perfil nº 2

Tenho uma boa autoimagem, mas fico balançado quando a situação fica difícil. Fico magoado quando os colegas são malvados e, em segredo, imagino se ficam falando outras coisas ruins a meu respeito pelas costas. Pior que as coisas ruins podem ser verdadeiras. Mas, de um modo geral, estou ficando cada vez melhor e quando crescer espero me sentir melhor em relação a mim mesmo.

Perfil nº3

Disseram-me que sou muito exigente comigo mesmo. Sim, posso ser muito autocrítico. Mas sempre fui assim, e prefiro enxergar o que tenho de ruim antes que alguém fira meus sentimentos apontando meus defeitos. Posso apontar coisas nos outros tão ruins quanto as que eles podem apontar em mim. Se pudesse encontrar um jeito de não me sentir tão por baixo, gostaria de fazê-lo, mas ninguém jamais me mostrou como fazer isso.

Autocrítica

Este tema daria um livro inteiro – e certamente já há algum livro sobre isso. Por que os adolescentes são tão exigentes consigo mesmos? A autocrítica parece fazer parte do pacote dessa faixa etária. Mas isso não significa que seja natural advogar contra você mesmo. Há muitas novidades. Você as está experimentando pela primeira vez e, além disso, a dúvida pode ser uma coisa saudável. Ajuda a lhe mostrar se você se dará bem em algo como beisebol, matemática, dança ou como membro de uma banda. A dúvida prejudicial não ajuda você porque afirma: "Você não será nada bom nisso", mesmo antes de ter começado.

A dúvida pode ser saudável

Este é um tema bem importante no qual quero me estender. Pense em alguma coisa sobre a qual você esteja realmente em dúvida. Poderia ser algo cujo acontecimento é incerto, uma cena de namoro ou a prática de esportes ou a tentativa de uma nova atividade. Que tipo de pensamentos passaram por sua cabeça?

Dois tipos de dúvida

A dúvida saudável diz: "Posso ser bom nisso ou não."

A dúvida prejudicial diz: "Não serei bom nisso, já até sei."

A dúvida saudável diz: "Não conseguirei nada a não ser que tente."

A dúvida prejudicial diz: "Não vale a pena tentar. Que bem isso vai fazer?"

A dúvida saudável diz: "Ninguém mais tem tanta confiança em mim, mas pode ser que afinal de contas dê certo."

A dúvida prejudicial diz: "Todos têm razão. Não devo fazer esse tipo de coisa, não sou bom nisso."

A dúvida saudável diz: " Isto deve ser divertido, mesmo eu não sendo o melhor por aqui."

A dúvida prejudicial diz: "Não sendo o melhor por aqui, não terei nenhuma diversão."

Há uma piada judia sobre Deus logo após ele ter criado o mundo. Ele deu uma olhada em sua criação e disse: "Vamos torcer para que funcione." Como essa lista mostra, a dúvida saudável é como uma esperança. Você sabe que talvez falhe. Sabe que não pode vencer sempre. Mas, mesmo com essas dúvidas, você prossegue. Tenta sair com a menina de que gosta. Vai para a aula de dança, mesmo que o faça sentir-se embaraçado. Tenta fazer parte da equipe de remo, mesmo que todos os outros pesem quase vinte quilos a mais.

Não compre a ideia

A dúvida prejudicial não deixa esperança. Desiste antecipadamente. Esse tipo de dúvida é traiçoeira porque parece bem razoável. É fácil sucumbir à ideia de que a garota da qual você gosta é boa demais para você, que a aula de dança na verdade é para retardados, e esses outros remadores são realmente gigantescos. Você tem que dar um passo atrás quando tiver esses tipos de dúvida: "Não estou sucumbindo. Essas coisas não importam. O que importa é que eu vou tentar. Preciso ver por conta própria." Em outras palavras, é preciso que você seja um pouco mais valente do que sente que é, um pouco mais confiante e um pouco mais otimista.

Sabe do que mais? Se subir mais esse degrau, sua realidade mudará. Vai acabar um pouco mais valente, confiante e otimista. A dúvida será vencida, não por travar uma grande batalha, mas por obter uma pequena vitória de cada vez.

A sexta chave para a felicidade: **Fazer amigos com o espírito**

Com qual perfil você mais se identifica?

Perfil nº1

Sei que possuo uma alma. Recorro a ela sempre que tenho um problema sério para resolver e acredito que a resposta virá. Acredito que este seja um mundo bom e que todos tenham um lado espiritual. Não podemos vê-lo o tempo todo, mas isso é o bastante para me fazer acreditar na raça humana.

Perfil nº2

Acredito em Deus e tento ser uma boa pessoa. Mas, quando tenho um problema sério para resolver, luto e trabalho por conta própria. Sei que a vida é injusta. É uma espécie de desejo pensar em acreditar que Deus irá mudar tudo.

Perfil nº3

Deus? Alma? Por que estamos mesmo falando sobre isso? Vou acreditar nessas coisas quando forem mostradas vivas na TV. Por outro lado, a coisa inteligente a ser feita é procurar ser o melhor. Se não o fizer, ninguém mais o fará.

Estar em contato com a espiritualidade ajuda através das dificuldades da vida. O espírito oferece esperança e reafirmação. É como uma espécie de amigo, e quando penso em como fazer contato com o espírito, vejo que é como qualquer outra amizade. É preciso acreditar na alma. Ser capaz de falar com ela e apresentar seus problemas a ela quando as coisas não estão indo muito bem.

A meditação tem tudo a ver com você

Falemos um pouquinho sobre meditação. É a melhor forma que conheço para fazer contato com o espírito. Veja bem, sua alma está misturada às outras coisas em sua cabeça. Diariamente você vivencia pensamentos, imagens, figuras mentais e desejos. Na verdade, cada ação tomada hoje possui um pouco de consciência por trás dela. É às vezes uma história dramática e às vezes uma palhaçada acontecendo. A meditação permite que a pessoa fique fora do drama. Quando tudo estiver mais assentado em sua mente, então uma parte mais suave, tranquila, apresenta-se. Essa parte é mais próxima do espírito, e coisas novas acontecem da mesma forma que quando faz novos amigos.

Você começa a gostar disso quando sua mente
estiver tranquila e em paz.
Não fica mais tão perturbado com as tempestades à sua volta.

Sente-se como uma pessoa de verdade, não como uma bola de pingue-pongue jogada de um lado para outro pelas situações. Você começa a dialogar com o seu eu real e torna-se amigável.

Todas essas transformações não acontecem da noite para o dia, mas como qualquer outro aspecto da felicidade, a proximidade com sua alma acontecerá. Tudo que precisa é manter essa proximidade e aprender a apreciar as etapas do progresso que fará.

Uma forma fácil para meditar

Se há algo em sua vida que deva ser totalmente confortável, é a meditação. Algumas vezes, entretanto, a pressão do restante de sua vida fala mais alto. Um menino de 17 anos escreveu:

Querido Deepak,

Tenho achado difícil sentar quieto para meditar. Minha mente fica agitada e sinto-me tão impaciente depois de alguns minutos que quero pular fora. O que fazer?

É normal sentir-se impaciente. Passou vários anos permitindo que sua mente ficasse agitada. Sua mente está habituada a ficar sem descanso e não se pode esperar que aprenda a se acalmar da noite para o dia. Facilite as coisas para si mesmo e tente seguir os seguintes pontos:

- Sossegue por uns minutos para relaxar e entre no clima antes de meditar.
- Dê algumas inspiradas longas para se sentir relaxado.
- Se sentir que está subindo, abra os olhos e olhe ao seu redor por uns segundos. Em seguida, feche-os outra vez e tente meditar mais um pouco.
- Assegure-se de escolher um ambiente quieto e um momento tranquilo do dia para meditar. Desligue o telefone e faça com que todos saibam que é hora da sua privacidade.

Poucos minutos, duas vezes ao dia, é preferível a forçar-se a sentar por um tempo maior. Não se force de jeito algum. É um momento importante para fazer amizade com uma parte nova de você mesmo. Jamais iria querer tornar-se amigo na escola de alguém que você precisasse se forçar a gostar. O mesmo vale para sua amizade com seu próprio espírito.

Uma vez ouvi um professor de meditação dizer que há duas formas de manter um cão preso à casa: Pode acorrentá-lo ou deixar um pouco de comida na porta dos fundos. A primeira forma impede que ele se afaste. A segunda atrai o cão com alguma coisa de que ele goste. A alma pode ser atraída apenas pela segunda forma, dando a ela algo atraente. Em vez de ficar de fora, sua alma dirá para si mesma: "Oh, ele está prestando atenção de verdade. Ele quer me conhecer e sente de verdade." A alma é atraída para você de diversas formas. A meditação é apenas uma delas. Inclua algumas das atividades da barra ao lado "Comida para a sua alma" em sua rotina diária.

COMIDA PARA A SUA ALMA:

Coisas que podem ajudar você a fazer amizade com o espírito

Sorria com o coração

Ouça música inspiradora

Leia livros inspiradores

Exiba comportamento amoroso

Seja gentil consigo mesma

Manifeste cordialidade

Jogue jogos que tragam alegria para sua vida

Ande à luz da lua admirando o oceano

Esteja em uma floresta tranquila.

Divida uma bela experiência com alguém.

Dê e ajude, ofereça seus préstimos.

Como pode perceber por essa lista, não precisa mergulhar numa vida espiritual estranha ou exótica para estar em contato com sua alma. Essas são as coisas do dia a dia que atraem o espírito naturalmente da mesma forma que água com açúcar atrai beija-flores. Elas trazem a calma, a paz, a alegria e a consciência que há em seu interior, prontas para serem mostradas.

Coloco o riso como o primeiro da lista por causa de uma agradável questão que aconteceu comigo numa escola de ensino médio do Brasil:

Querido Deepak,

Tenho interesse por filosofia, mas num belo dia não consigo resistir: Mato a aula de religião na nossa escola católica e vou dançar com meus amigos. Amo dançar! Você acha que uma pessoa pode aprender mais da vida dançando do que em sala de aula?

Não mostre isso para seus pais, mas a resposta é sim. Dançar é felicidade pura, faz com que a pessoa fique bem próxima de sua alma. Lembro-me de um caso sobre a famosa escritora Gertrude Stein quando estava no colégio. Ela chegou à sala de aula para fazer prova final de filosofia e, para surpresa do professor, se concentrou em sua prova por dois minutos e saiu.

Em seu papel escreveu: "Está fazendo um belo dia, acho que não posso ficar presa aqui dentro e escrever sobre filosofia."

O professor escreveu em resposta: "Você está certa", e lhe deu nota máxima.

Afastando a alma

Não enfatizo em tópicos opostos as coisas que mantêm a alma afastada. Sua alma na verdade não é como um beija-flor. Ela é eterna e não pode ser ferida, independentemente do que você ou qualquer pessoa faça a você. Mas a alma pode ficar encoberta, como as nuvens cobrem o sol. Após quatro ou cinco dias cinzentos você olha para o dia nublado e diz: "O sol não volta mais?" Você sabe que voltará, mas a falta de cor o deixa de mau humor.

Se deixar muitos dias cinzentos dentro de você, pode começar a duvidar se sua alma ainda está por lá. Para evitar esse tipo de dúvida cinzenta, não se engaje em atividades desagradáveis. Isso inclui músicas berrantes, maltratar os outros, andar por aí com gente desordeira — e esse tipo de coisa. Mas as distrações também mantêm a alma fora de vista. Não se pode esperar contatar o espírito se sua cabeça estiver zunindo com a TV, música e videogames em cada minuto livre do dia. Não falo isso num tom de desaprovação. Todos têm suas válvulas de escape. Mas para fazer amizade com sua alma, é preciso dar-lhe atenção, como a qualquer amigo.

A sétima chave para a felicidade: **Fazer uma contribuição**

Com qual perfil você mais se identifica?

Perfil nº1

Realmente gosto de ser útil e de ajudar os outros. Gosto tanto que devo seguir uma profissão que permita isso, como medicina. Faz com que me sinta bem em fazer os outros felizes e conhecedor do quanto as coisas precisam ser mudadas no mundo.

Perfil nº2

Ajudar não é prioridade em minha lista, mas ajudo quando me pedem. Acho que é bom dar uma contribuição quando se pode. Talvez algum dia eu precise de ajuda quando estiver numa fria, logo talvez esteja marcando alguns pontos com Deus ajudando os outros.

Perfil nº3

Não penso em dar uma contribuição. Não é que eu seja tão egoísta, mas minha vida agora é muito ocupada. De qualquer forma, não tenho tanta certeza de que uma pessoa faça a diferença. Terei mais tempo para os outros quando tiver conseguido obter uma boa vida para mim.

Partilhe seu espírito

Sempre que ajudar alguém a aumentar seu bem-estar, estará contribuindo para a vida dessa pessoa e para a vida de outros também. É assim que o espírito é partilhado. Quando uma onda nasce no oceano, ela poderia olhar em volta e dizer: "Estou sozinha, eu e meu oceano." Mas é claro que cada onda é apenas um pequeno evento na vastidão do oceano. Da mesma forma, sua alma sente separadamente quando de fato é parte do espírito como um todo. Onde quer que haja gentileza e amor no mundo, você será invisivelmente beneficiado. Onde quer que haja violência e dor no mundo você será invisivelmente prejudicado.

Não estou pedindo que acredite em uma ideia mística. Você já vivenciou o que é alguma coisa boa acontecendo em sua família ou algo ruim de verdade. Lembro que quando eu era uma criança bem pequena acordei à noite ouvindo uma mulher chorando pela casa toda. Era na Índia, e meu avô havia morrido de repente no meio da noite. Naquele dia mesmo levaram a mim e ao meu irmão, Sanjiv, ao cinema. Nós dois o amávamos muito e, no momento em que ele morreu, toda a atmosfera da casa mudou. Eu tinha idade suficiente para saber o que era a morte, mas Sanjiv ficou choroso perguntando aonde o vovô tinha ido e quando voltaria. Todos estavam muito angustiados por algo tão tenebroso ter acontecido, e estava acontecendo com todos nós.

Você é parte de um todo

Quando você assiste às notícias na TV e vê a guerra se desenrolando pelo mundo, o mesmo sentimento de "está acontecendo com todos nós" está presente. Seu espírito é agraciado ou ferido por eventos que estão longe. Acho importante fazer algo em sua vida que ajude o bem-estar de todos porque é assim que se demonstra que nos preocupamos com toda a família humana.

Alfred Stieglitz foi um dos maiores fotógrafos do século XX, também foi voluntário e ajudou muitos outros artistas. Quando criança, demonstrou uma atitude especial para com a vida. Seus pais perceberam que em noites frias do inverno ele saía sorrateiramente pela porta dos fundos e depois de uns momentos voltava silenciosamente sem dizer por quê. Logo descobriram que havia um morador de rua que havia acampado na calçada, e o filho deles estava dando para ele um pouco da sua própria comida.

— É lindo — os pais de Stieglitz disseram. — Você está fazendo o bem a outra pessoa.

O garoto pareceu um pouco confuso.

— Vocês não veem? Estou fazendo isso por mim — ele disse.

Algumas pessoas têm uma ideia diferente do que a contribuição mundial significa. Eles podem contribuir para um partido político para que supere o outro. Mas a contribuição espiritual não escolhe lados, trabalha para ajudar o espírito humano como um todo. Algumas pessoas contribuem para instituições de caridade, o que é certamente válido. Para mim, porém, a contribuição espiritual é algo pessoal; envolve contato humano e não apenas um número escrito num pedaço de papel. Sua contribuição não precisa ser grande. Pense em fazer uma das coisas a seguir:

- Você não conhece alguém que possivelmente esteja sozinho? Faça uma visita.
- Não conhece alguém que precisa de um amigo? Seja esse amigo.

- Não conhece alguém em sua sala de aula que está indo mal? Ofereça-se para ajudar.
- Não vê pessoas na rua sem casa, incluindo jovens da sua idade? Ajude-os a encontrar abrigo.
- Não sabe que há muitas crianças mais favorecidas pela vida? Torne-se um grande irmão ou irmã para uma criança menos favorecida.
- Não vê uma maneira de ajudar seu próprio irmão ou irmã menor? Aja de acordo com seus bons impulsos e seja um melhor irmão para seus irmãos.

Você não estará mudando o mundo fazendo uma dessas coisas. Mesmo invisivelmente terá acrescentado um pouco de bem-estar à alma humana. Sua contribuição atinge a todos mesmo quando parece que está tocando uma pessoa de cada vez.

A oitava chave para a felicidade: **Evite a violência**

Com qual perfil você mais se identifica?

Perfil nº1

Sinto-me bastante em paz comigo, e isso facilita ficar em paz com os outros. Não tenho raiva ou ressentimento escondido. Não tenho problemas em falar para qualquer pessoa o quanto ela me tira do sério, e assumo a responsabilidade por estar com raiva e não culpo os outros. Procuro meios de perdoar, e minha prioridade natural é achar um jeito de resolver os conflitos.

Perfil nº2

Não procuro por problemas, e dessa forma minha alma se mantém em grande paz. Não sou temperamental e posso guardar ressentimentos quando alguém me tira do sério. Não é minha culpa se eu devolvo a ofensa; é culpa dos outros terem errado comigo. Perdoar alguém me faz bem, mas não mudo meu caminho para fazer isso. Eles é que têm de vir a mim primeiro.

Perfil nº3

Posso lembrar-me de ter entrado em algumas brigas e ainda sou esquentado. Não engulo desaforo. É bom saber que se cruzar comigo terá problemas em suas mãos. As coisas podem ficar um pouco perturbadas em casa — pelo menos um de meus pais tem um temperamento quente. Fico incomodado por guardar ressentimentos por tanto tempo, mas o que mais esperam que eu faça?

Por que somos tão violentos?

Uma das maiores questões da vida é a razão de os seres humanos serem tão violentos. Num ano típico, como 2003, havia trinta guerras acontecendo pelo mundo. Em toda a história da civilização foi computado que 92 por cento do tempo, o ser humano esteve em guerra. Ninguém precisa de estatística para provar que o crime esteve presente cem por cento do tempo. A violência pessoal é a origem da guerra, e mesmo que você e eu possamos nos considerar pacíficos, já participamos de alguma briga em um momento qualquer, seja uma troca de socos na escola, causada pelo desejo de um dos lados querer vencer a guerra, ou discussões de cabeça quente.

Logo, a violência está em todos nós. Ela arruína o ser humano diariamente. Podemos passar sem ela? É uma questão totalmente pessoal, porque a violência tem que ser eliminada de uma pessoa de cada vez. Evitar a violência significa evitar também todos os seus disfarces. Imagino que você não tenha socado ninguém hoje, mas e como andam aquelas formas de violência escondidas?

Violência disfarçada

Criar uma discussão com um familiar.

Falar mal de alguém pelas costas.

Desejar que algo de mau aconteça a alguém.

Criticar alguém com perversidade.

Desejar que os maus rapazes sejam eliminados.

Encorajar uma guerra.

Desejar que os criminosos sejam punidos ao máximo.

Maltratar ou negligenciar um animal.

Insultar alguém.

Fazer discriminação racial.

Ter desrespeito por todo um grupo de pessoas.

Talvez você ache que esses não são atos violentos. Deve até ter o hábito de ter maus pensamentos ou usar discriminação racial com uma vaga noção de que está tudo bem, desde que não leve a coisa longe demais. Mas jogar lenha na fogueira não é a única forma de fazer o fogo crescer. Tudo que ele precisa é de um pouco mais de vento. Quando a pessoa se entrega a formas veladas de violência, está jogando-as ao vento. Não machucou ninguém fisicamente, mas contribuiu para que isso fosse mais fácil de acontecer.

Ficar na vigília

É preciso de um pouco de vigilância para evitar a violência. Pense em como é participar de um debate tempestuoso. Digamos que a pessoa tenha entrado num debate político. Não é fácil ultrapassar o limite e desdenhar o outro lado, destruir a opinião dos outros e fazê-los sentir que apenas você é a pessoa boa? Vemos esse tipo de disputa política todas as noites na televisão. Essa também é uma forma de violência. A pessoa está verbal e mentalmente tentando tirar alguém da jogada. Fazer alguém parecer ruim não é chamado de agressão. No mínimo duas pessoas podem ter opiniões opostas e ainda assim serem ambas boas pessoas.

Uma história de autodefesa

Há uma diferença entre agressão e autodefesa. Quando eu fazia residência em medicina assim que saí da faculdade e era um morto de fome, morava numa parte ruim de Boston com minha jovem esposa e nossa filhinha recém-nascida. Numa noite em que estava sozinho com o bebê no apartamento, ouvi uma batida na porta e sem aviso um homem foi entrando. Ele estava agindo de forma muito violenta, e sem pensar peguei uma raquete de beisebol. Ele avançou em mim, e eu bati na cabeça dele e derrubei-o. Quando a polícia chegou, descobriu que ele tinha uma vasta ficha criminal e não havia dúvida de que eu tinha motivos para me defender.

Uma história distorcida

Mas aquele acidente ficou martelando na minha cabeça. Mesmo tendo usado a agressão para defender-me contra a violência, me ressentia muito pelo que havia acontecido. Quase trinta anos depois saía de uma sala de leitura pela porta dos fundos e estava andando pela calçada escura quando três jovens se aproximaram de mim, apontaram-me uma arma e pediram minha maleta. Congelei por alguns segundos e então disse: "Fiquem com meu dinheiro, mas preciso da minha maleta. Não use essa arma, pois você acabará saindo bem mais ferido do que eu."

Os três jovens não tinham mais do que 16 anos e pude perceber que ainda não tinham se tornado completamente maus. O que segurava a arma tremia e pude ver que minhas palavras surtiram efeito. Acabei lhes dando algum dinheiro e ficando com minha maleta. Conforme eles iam embora correndo, senti que aqueles três jovens precisavam ver a violência deles através dos olhos de outra pessoa. Talvez isso faça diferença em suas vidas. Quanto a mim, senti como se eu tivesse ajudado a restabelecer o equilíbrio. Há tempos eu cometera violência e agora talvez a tenha reduzido um pouquinho.

Esse conto não é para que você saiba como se colocar numa situação difícil. Apenas espero que, quando olhar para a lista de violência disfarçada, faça um bom esforço para não continuar a fazer as coisas que tenha identificado com seu comportamento atual. Nunca mais use a calúnia, nem mesmo em gestos. Não instigue a guerra e não caia na armadilha de pensar que uma nação inteira ou um grupo é demoníaco. Não importa o quanto tenha raiva de alguém, é verdade incontestável que todas as pessoas na Terra têm alguém que as ama. Se uma pessoa é merecedora do amor de alguém, logo não é merecedora do seu ódio. É simples assim. A violência e todas as suas formas imperceptíveis destroem a pessoa que a usa e o espírito de qualquer pessoa que esteja disposta a fazer uso dela.

A nona chave para a felicidade: **Cuidar da natureza**

Com qual perfil você mais se identifica?

Perfil nº1

Tenho afinidade com a natureza. Sei que sou parte da Mãe Terra, que merece amor e respeito. Nenhum de nós sobreviveria sem o suporte do nosso planeta e sempre que posso vou ao encontro da natureza para que eu possa apreciá-la através de uma observação direta.

Perfil nº2

Sei que a Terra tem problemas e me preocupo. Mas há muitos outros problemas bem mais próximos. Considero que o planeta sempre esteve aqui e sempre estará. Talvez alguém se preocupe com o que fazer sobre o aquecimento global. Nesse meio-tempo, aproveito para ir à praia e à montanha, mas a maior parte da minha vida eu passo em casa e no shopping.

Perfil nº3

Acho que todo esse alarde sobre o planeta já foi longe demais. Precisamos de petróleo e gasolina, essa é que é a realidade. Não estou depredando a floresta tropical, logo isso não é problema meu. Meus filhos devem se preocupar seriamente com o futuro. No exato momento, eu tenho televisão e internet. A natureza está bem longe, francamente.

Em primeiro lugar, um pedido de desculpas

Minha geração precisa pedir desculpas à sua. Causamos mais prejuízos ao planeta do que qualquer outra geração anterior a nossa. Isso não significa que minha geração seja composta por pessoas com maus instintos. Temos os mesmos instintos dos serem humanos que vieram antes de nós. Mas, infelizmente, a vida moderna nos deu poderes insondáveis para causar prejuízos. Como resultado, a Terra foi dilapidada de seus tesouros como jamais fora e seus delicados ecossistemas estão em risco.

Sua geração precisa cuidar do planeta de uma vez. Não é possível viver de forma saudável em um planeta doente. Você talvez jamais tenha mergulhado para explorar uma formação de corais, mas o fato é que um terço das formações de corais do mundo que estão morrendo faz parte da sua vida, da mesma forma que as florestas tropicais e o aquecimento global. Não há época melhor do que esta para aprender a amar este planeta.

Cuidando da Terra

A única forma saudável para viver neste planeta é ver o ser humano como uma partícula cintilante no progresso infindável da vida e ainda como um filho que cuida da natureza. O melhor motivo para cuidar da Terra é que ela cuida de você. Antes de morrer, o chefe indígena da tribo americana Blackfoot chamado Isapwo Muksika Crowfoot proferiu as seguintes palavras:

> O que é a vida? É o brilho da luz de um pirilampo à noite. É a respiração de um búfalo na época de inverno. É a pequena sombra que corre na relva e se perde quando o sol se põe.

Posso visualizar cada imagem e sentir o amor e a sabedoria do chefe, os quais chegaram até ele pela Terra. Nenhuma outra criatura a não ser o homem é capaz de amar todas as outras criaturas. Assim como nenhuma outra criatura é capaz de causar tanto prejuízo. Você e todos de sua idade terão de tomar decisões baseados no apreço pela Terra ou na crueldade para com ela.

O que é mais importante, aumentar o preço da gasolina ou aumentar a poluição do ar?

O que o prejudicará mais, pagar taxas extras ou a poluição das chaminés das fábricas?

É mais importante regar o gramado três vezes por semana ou desviar o curso de um rio para outro país, como o México?

Essas perguntas foram feitas para minha geração e as respostas não foram totalmente corretas. Nós queríamos responder sem egoísmo, mas as boas intenções não foram suficientes. Então é necessário que haja uma mudança de atitude que vá tão fundo quanto a alma. Você não irá jamais ferir sua família para obter gasolina barata. Não é simples, pois as questões globais nos forçam a enxergar o mundo através dos olhos de estranhos de outros países. Acho que as respostas devem ter como base o amor à natureza. Amar a natureza é como amar seu próprio corpo, porque num parâmetro geral o ar é a respiração de seus pulmões, as florestas são a fibra de seus músculos e o oceano é a água em cada célula. Essa é sua origem. Isso é tão verdadeiro quanto afirmar que você veio de sua mãe.

A décima chave para a felicidade: **Nunca pare de crescer**

Com qual perfil você mais se identifica?

Perfil nº1

Acredito que minha vida possa ser fora de série. Abraço novas coisas diariamente. Novos conhecimentos, novas experiências, novos desejos para meu futuro. Mal posso esperar para crescer, então poderei continuar *crescendo* pelo resto da vida. As pessoas que mais admiro têm espírito aventureiro.

Perfil nº2

Espero vir a ter uma boa vida. Acho que a família é a coisa mais importante, e pretendo obter um dia para a minha própria família uma boa casa e todos os tipos de coisas legais. As pessoas que mais admiro fizeram isso ou mais. Elas fizeram grandes conquistas materiais.

Perfil nº3

Pretendo permanecer do jeito que estou agora e o que mais desejo é abandonar a escola e ficar por minha conta. Quero parar de seguir as regras impostas pelos outros. A vida é minha e quando puder irei aonde quiser. As pessoas que mais admiro são os roqueiros e rebeldes, o tipo de pessoa que não permite que ninguém lhes diga o que fazer.

Crescer é peculiar

O crescimento começa como algo em que não podemos interferir. Os bebês e as crianças pequenas não pensam sobre crescimento; o processo todo acontece em seus genes. Você sabia que antes de nascer um bebê desenvolve um milhão de novas conexões nervosas por minuto? Ou que uma simples célula, uma coisa que você jamais verá ou na qual jamais pensará, precisa desempenhar mais do que cinquenta operações perfeitamente? E que a descarga de uma atividade química de uma célula desencadeia uma nova reação em cada uma das cem mil células em um segundo? O objeto mais complexo do universo, o corpo humano, precisa crescer por si só, pois nenhum de nós, mesmo os gênios mais bem-dotados, poderia desvendar como construir um.

Mas as coisas mudam gradualmente e, no momento que você sai da adolescência, o crescimento passa a ser uma opção. O controle da situação passa a lhe pertencer. Seu corpo e sua mente rodaram seus programas automáticos; os genes fizeram seus trabalhos infinitamente complexos. Não há uma cerimônia de inauguração onde as fitas são cortadas, mas seus genes estão de fato virando para você e dizendo: "Cabe a você dirigir. Aonde deseja ir? O que deseja fazer?"

Caso pudesse responder aos meus genes diria: "Quero crescer para sempre." Esses anos são realmente cruciais. Você pode usar esse incrível presente genético para qualquer coisa que queira. A maioria das pessoas o usa para parar de crescer, o que é triste. Em vez de surfar nessa onda de progresso que esteve em movimento crescente por vinte anos, eles declaram para si mesmos: "Vamos mais devagar. A aventura acabou." Em outras palavras, ficam paralisados, adultos confortáveis com muitos hábitos.

Tubarões e gado

Hábito é apenas outra palavra para "treine sua mente para seguir uma rotina fixa". A seguir temos dois exemplos que chamaram a minha atenção anos atrás. Uma foi num aquário cheio de tubarões e a outra num pasto de gados em Montana.

Como você provavelmente sabe, os tubarões são criaturas que jamais descansam e precisam estar sempre em movimento para manterem-se vivos. Esses, dos quais ouvi falar, atravessavam o tanque o tempo todo, nadando de uma ponta a outra, quase tocando o vidro do tanque antes de dar meia-volta. Um dia a pessoa que cuidava deles fez uma experiência e afastou a parede uns trinta centímetros para fora. Mas, em vez de eles nadarem até a nova barreira, os tubarões voltavam do mesmo local de antes para não bater na parede que nem estava mais lá. Nós ficamos dentro de barreiras invisíveis porque assumimos que elas existem. Mas e se elas não existirem? E se nosso tanque para nadar for maior? Nunca saberemos se condicionarmos a seguir hábitos restritamente estabelecidos, porque eles agirão como barreiras invisíveis.

A outra história fala sobre a criação de gado em um rancho. O gado gosta de pastar aonde quer que possa ir e os ranchos de Montana são muito grandes para serem cercados. Tempos atrás os fazendeiros aprenderam que o gado não ultrapassava uma estrada que tivesse uma tela de metal, pois seus cascos ficavam presos nela. Essa técnica funcionava muito bem, mas alguém então descobriu algo melhor. Em vez de instalar uma grade de verdade na estrada, eles pintavam o desenho de uma grade e o gado, vendo isso, tomava como uma coisa de verdade. O gado não queria que seus cascos ficassem presos na grade, logo ficavam permanentemente no outro lado da estrada.

Nossos hábitos também funcionam assim. Quando nos sentimos feridos por uma experiência, não voltamos a ela. Somos medrosos como o gado, e no momento em que farejamos nosso antigo sofrimento, fracasso ou humilhação, damos meia-volta.

Como se manter em constante crescimento?

Se quiser crescer pelo resto de sua vida, terá de superar estas duas tendências: a tendência de permanecer entre velhas paredes, e a tendência de evitar experiências quando elas não garantirem resultados perfeitos. Como uma pessoa sábia disse uma vez: "Viver não significa ser perfeito. Significa ser melhor a cada dia."

Os tipos de hábitos que impedem o crescimento não são coisas como escovar os dentes todas as manhãs ou assistir sempre ao programa de TV favorito. Estou me referindo a hábitos psicológicos, dos tipos que impedem a expansão da vida. Veja se você se encaixa em um destes modelos relacionados na barra "Hábitos traiçoeiros".

Todos caímos nessas armadilhas uma vez ou outra. Mas é bom ficarmos atentos para o caso de perceber que estamos realmente nos afundando em uma e passando a adotá-la por hábito desnecessário. Por mais de oito anos os fãs agouraram o Red Sox, pois sempre achavam que o time perderia os campeonatos mundiais – chama-se isso de pessimismo –, mas isso não os ajudava a ganhar (o que acabou acontecendo finalmente em 2004). E que tal se você acreditasse que jamais encontraria a pessoa certa para se casar? Também seria pessimista e suas expectativas sombrias minariam suas chances de encontrar o amor. Cada uma dessas armadilhas funciona assim. Não há nada de ruim em ver o mundo através de lentes cor-de-rosa quando se está planejando a aposentadoria ou um grande e belo evento. Mas e se alguém com problemas com drogas se aproximasse de você? Não basta sorrir e dizer: "Oh, tudo dará certo, você é uma pessoa legal assim mesmo."

Fique fora da armadilha

Vou comentar rapidamente um artigo brilhante sobre propagandas. O artigo falava sobre como fazer a maioria das pessoas comprar o que temos para vender, sejam carros, refrigerantes ou cremes de barbear. Há um segredo em todos eles: *Fazer o consumidor sentir-se um revolucionário*. Mostre um cara poderoso montado numa

O HÁBITO TRAIÇOEIRO: COMO A MENTE PERDE SUA FUNÇÃO

Armadilha nº1:
O Cabeça-Dura

Eu tenho a cabeça-feita. Uma vez que tenha decidido algo, é assunto encerrado. É minha opinião e pronto. Nem tente mudá-la.

Armadilha nº2
O Conformista

Eu e meus companheiros sabemos o que queremos. Sabemos do que gostamos ou não. Sigo as ideias do grupo. Acho que há quem me inveje por eu fazer parte de algo.

Armadilha nº3:
A Ovelha Negra

Sou rebelde, logo rejeito o que qualquer pessoa me diga apenas porque está no comando. Se meu pai pensa de alguma forma – ou qualquer outra pessoa de sua idade –, ele está errado automaticamente.

Armadilha nº4:
O Ratinho

Afasto-me das grandes questões. Não acompanho o mundo da política ou os grandes acontecimentos do dia. Minha vida é simples. No dia a dia me concentro apenas nas coisas que me dizem respeito.

Armadilha nº5:
O Cínico

Por que acreditar em qualquer coisa? Sei de antemão que a maioria das pessoas mente ou se faz de boba. Só um otário acredita que a bondade prevalece. Os espertos têm tudo pré-calculado.

Armadilha nº6:
Lentes cor-de-rosa

Tudo vai acabar bem, basta esperar e verá. Não me preocupo com os problemas que as pessoas veem em todos os lugares. A vida sempre tem problemas, mas se a pessoa for paciente, no fim o melhor sempre acontece.

Armadilha nº7
O Pessimista

Detesto ser pego de surpresa, portanto, espero sempre o pior. Se eu estiver errado e algo de bom acontecer, bem, ótimo. Fico grato pela surpresa. Mas já me queimei tantas vezes que agora me protejo.

motocicleta Harley, e o consumidor vai desejar ser aquele cara (claro que funciona apenas para homens). Ponha então uma garrafa de refrigerante em suas mãos — ou um videogame ou uma calça jeans — e pronto! *Tomar esta Coca fará de você um revolucionário!* Não é assim que funciona na realidade. Tudo que a propaganda faz é convidar a pessoa a cair na Armadilha nº 3, Ovelha Negra. O escritor do artigo não falou muito sobre consumidoras, apenas em como ficam hipnotizadas com situações de romance e glamour. Em outras palavras, a Armadilha nº 6, Lentes Cor-de-Rosa, que fazem com que você se torne uma top model se comprar aquela Coca. Engraçado como o mesmo refrigerante pode fazer com que a pessoa seja um cara poderoso ou uma mulher glamourosa, mas essa é a força do hábito. Não se espera que a pessoa pense, espera-se apenas que reaja.

Se realmente deseja crescer nesta vida, comece a rejeitar esses hábitos traiçoeiros. É a melhor forma para estar em constante crescimento, pois não é a mente dos gênios que se mantém em constante desenvolvimento e sim as mentes livres. Esse é um presente que ninguém, além de você, pode proporcionar a si mesmo.

4

Relacionamentos

"COMO ME ENQUADRAR? ONDE ENCONTRAREI O AMOR?"

A regra espiritual sobre relacionamentos é simples: Tudo tem alguma ligação. Essa regra é bastante importante porque elimina um monte de coisas que nossas emoções nos dizem. Emocionalmente é bem mais fácil não pensar em você. Deseja que os outros satisfaçam todas as suas vontades. Sente-se diferente, esquecido. Em seus piores momentos sente-se completamente só.

Mas na verdade não é assim.

Todo mundo alimenta a fantasia de ser a pessoa mais importante do mundo ou de ter sempre razão e jamais ser contrariado. Essa fantasia funciona quando somos bebês, pois nessa fase os pais correm para atender a todas as nossas necessidades. Na adolescência, entretanto, a realidade é outra. Os pais dizem muitos nãos. Os professores fazem exigências que necessitam ser preenchidas para que a pessoa siga em frente. Os amigos dividem-se em pequenos clãs que cada vez ficam mais repartidos. A fantasia de ser o número um cai por terra, e qual a vantagem?

Os relacionamentos — e todo o conjunto que vem com eles.

Um caminho fácil

Gosto de demonstrar como o espírito pode contribuir para que os relacionamentos sejam menos trabalhosos e mais proveitosos. No que concerne à alma, a fantasia se torna realidade. Você passa a ser o número um, mas também passa a abrir espaço para as necessidades de todos aqueles que também desejam ser o número um.

Estou certo de que já ouviu alguém dizer: "No momento não estou me relacionando com ninguém." Mas isso será realmente possível? Nossa vida inteira é feita de relacionamentos. Reflita sobre a mais simples das frases: "Eu estou/sou." Não importa o que vem a seguir, você já caracterizou um relacionamento.

"Eu sou um filho ou uma filha." É um relacionamento com sua família.

"Estou na escola." É um relacionamento com seus colegas e sua cidade.

"Sou capitão do time de futebol." É um relacionamento com seu time e sua torcida.

"Sou de Ohio." Relaciona-se ao estado ou ao país.

Você começa a ver por que a regra espiritualista – *tudo está conectado* – é verdadeira. Uma teia invisível mantém o mundo unido. Cada pessoa na Terra é parte dela; todos os seres vivos dependem dela. Com isso em mente, veja as seguintes questões:

Querido Deepak,

O que você acha de sexo antes do casamento?
Os pais devem bater em seus filhos?
Como estará o mundo daqui a vinte anos?
O que você pensa de namoro entre raças?

Você gosta de todos com quem você trabalha?
Por que meus pais são tão loucos?

Todas essas questões vieram de diferentes jovens, mas poderiam ter vindo de uma só pessoa. Lembro de eu mesmo ter feito essas perguntas, e há ainda mais uma questão dos jovens: "O que eu tenho a ver com isso?"

Para responder a suas perguntas, as menores são mais fáceis. Sexo, pais, escola, raça – todos esses temas tornam-se mais fáceis quando consideramos que todas as pessoas estão conectadas. Pois assim nunca é "nós versus eles". Nunca é "o bom menino versus o mau menino". Começamos a ver que há o bom e o ruim em todas as pessoas e todos estamos nisso juntos.

Resolvendo todas essas coisas

A pressão para resolvermos nossos relacionamentos torna-se mais forte na adolescência. O jovem se preocupa em ser visto com a turma certa, se enquadrando e evitando críticas. O resultado é um monte de adolescentes fazendo escolhas precipitadas. São adeptos do "nós versus eles" em desesperadas esperanças de que suas atitudes oferecerão um pouco mais da proteção necessária.

Meus amigos são o máximo. Aqueles caras lá não.

Estou terminando o ensino médio. Não fale comigo, pois você só está começando.

Nosso time vai acabar com o de vocês.

Nossa escola é a melhor. A deles é inferior.

Você não ouve essas declarações, ou coisas parecidas diariamente? Eles visualizam o "nós versus eles" mentalmente. Quem costuma falar desse jeito quase sempre é gratuitamente presunçoso. Querem fazer parte de algo. Querem se sentir bem em relação ao que são. Querem uma linha divisória clara entre o bom e o mau. Na hora, eles nem mesmo acreditam nessas coisas. Mas essa não é a forma espiritualista de ver o mundo; não como sua alma vê você ou qualquer outra pessoa.

Todos estamos conectados, o que significa que todos estamos na mesma espiritualidade. O que vale é o ponto de vista da alma, e acredito que seja a melhor forma de lidar com os relacionamentos. Não fomos colocados nessa Terra para julgarmos quem é melhor ou superior ou bom. Você está aqui para contribuir com a delicada rede de humanidade. Ao reforçar suas conexões da maneira que lhe é possível fazê-lo, você está semeando esperança para o futuro.

É essa sua fantasia?

Há outras fantasias que envolvem os jovens. Uma é essa: "Se pelo menos eu puder encontrar o homem (ou mulher) certo (a), então todos os meus problemas estarão resolvidos." Outra é essa: "Se eu construir uma família bonita, numa casa bonita, minha vida será perfeita." Muitos esforços são empenhados nessas fantasias, não apenas por adolescentes, mas por toda a nossa sociedade. Bem, eu tive sorte e casei com meu primeiro amor. Construímos uma bonita família, mas esse foi apenas o primeiro passo para começar a preencher outras necessidades. As necessidades apenas podem ser preenchidas através dos relacionamentos.

Vamos dar mais uma olhada naquelas questões dos adolescentes, e em outras, com isso em mente.

Quando é certo fazer sexo?

P: **O que você pensa sobre sexo antes do casamento?**

R: O que eu penso é apenas a opinião de mais um adulto. O que você e seus amigos da escola pensam sobre sexo? Agora levamos a questão para em que contexto ele é importante. Você viverá de acordo com seus valores, quais são eles? Parece que os adultos pensam que sexo é perigoso entre adolescentes porque eles não têm controle sobre "os hormônios em erupção". Embora haja pesquisas que comprovem que os adolescentes não estão entre os grupos que mais praticam sexo. Se tiver amigos que já estejam fazendo sexo, você não tem os mesmos valores de outros jovens cujos amigos não fazem sexo. Mas, em qualquer grupo que você esteja, saiba que 80 por cento dos jovens dizem que fazer sexo quando se é muito novo não é legal. O cara vira um imbecil, para usar suas próprias palavras.

Não acredito que importe ser legal ou imbecil. Como um adolescente, você sente impulso sexual e deve chegar a alguma conclusão pessoal sobre o assunto. Isso significa que o sexo se faz presente, e você precisa tomar uma decisão. Essas são as perguntas a serem feitas:

Vou me sentir bem amanhã sobre a minha decisão?

Manterei minha dignidade e reputação?

Como fazem os outros caras a quem admiro?

Quais os adultos que parecem ter os melhores conceitos sobre esse assunto?

Quando o jovem questiona, faz conexões. Não se limita a ficar inerte no banco de trás de um carro ou na cama esperando os pais chegarem do trabalho. É difícil resistir aos palpites das pessoas que dizem: "Vamos, faça isso. Vai se sentir bem." No contexto de toda uma vida, sentir-se bem por meia hora pode trazer um prejuízo futuro lamentável.

Portanto, adquira o hábito de se fazer as perguntas anteriores. Achará mais fácil dizer não. Vai chegar o dia em que responderá a essas mesmas questões de modo diferente: "Sim, meus amigos, meus colegas de turma da escola e todos em quem confio se sentirão contentes porque eu estou iniciando minha vida sexual." Quando a pessoa pode afirmar isso, tem uma boa chance de conhecer o lado belo do sexo e não apenas o breve arrebatamento da excitação.

Razões erradas para o sexo

Em qualquer situação que se sinta pressionado a fazer sexo, diga sempre não. Caso alguém vá expor você ou sua dignidade, diga sempre não. Caso alguém vá falar pelas suas costas e o rotular como uma pessoa perdida, diga sempre não. Caso alguém peça para fazer sexo sem proteção, diga sempre não.

Aqui está a razão mais difícil. Caso esteja tentado a fazer sexo para que alguém venha a gostar de você ou fazer com que se sinta mais seguro, diga não incondicionalmente. Não conquistará o que deseja e quase sempre obterá exatamente o oposto.

Qual a dose certa de disciplina?

P: Os pais deveriam espancar seus filhos?

R: Esperava, na verdade, essa pergunta de pais, mas acredito que vem de um adolescente porque os adolescentes estão pensando sobre o futuro. Nessa fase, o adolescente começa a se conectar mais ao mundo adulto, onde eles passarão a decidir como pais. Vamos tornar a questão um pouco mais abrangente e perguntar: "Qual a quantidade de disciplina que os pais deveriam exercer em casa?" Acredito que as regras aqui estejam muito claras.

Punir com humilhação é passar dos limites. Uma criança jamais deveria ser aviltada ou ser levada a não se sentir amada.

Acabar com a dignidade de uma criança é passar dos limites. Uma criança jamais deveria ser levada a se sentir uma pessoa ruim. Todos cometem erros, mas apesar disso não deixam de ser boas pessoas.

Tentar forçar o bom comportamento leva ao fracasso. A melhor disciplina leva a seguinte mensagem: "Estou desapontado com seu comportamento. Esperava mais." Tentar forçar uma criança a seguir certos valores apenas incute ressentimento e rebeldia.

Disciplina sem amor é crueldade. Os pais que paralisam uma criança com sentimentos de raiva, sentem-se culpados posteriormente. No fundo do coração, sabem que a punição foi dada por frustração, para aliviar a pressão ou porque não sabiam agir de nenhuma forma melhor. Essas desculpas não são aceitáveis. A punição deveria ser uma escolha inevitável feita de amor e cuidado para com a criança.

Minha opinião sobre a justiça para com os jovens na época da adolescência é a seguinte: não acredito em punição por amor. A chamada punição por amor é o mesmo que fechar a porteira depois de o gado ter fugido. O verdadeiro amor já falhou. O verdadeiro amor é sempre a resposta e deve se desenvolver ao longo do tempo, começando muito cedo. O verdadeiro amor faz a criança sentir-se valorizada e respeitada. O verdadeiro amor faz a criança sentir-se segura e querida. O verdadeiro amor delineia fronteiras, mas não as vigia com medo.

Mudando o passado

É preciso saber que suas ações formam um padrão. Algo que você faz hoje se conecta ao que foi feito ontem. A disciplina aplicada pelos pais relaciona-se ao que seus filhos fizeram no passado. Logo, não se isole nem tente excluir seus pais. Não é um "nós versus eles". Mude seu padrão e então suas ações vão falar por si mesmas. Pergunte-se sobre seu passado:

- Você tem o hábito de ignorar os pedidos dos seus pais?
- Você é indiferente aos seus pais?
- Você diz que fará algo apenas para afastá-los?
- Você se ressente em ter de fazer parte do dia a dia da sua casa?
- Você apenas deseja que o deixem sozinho?

Tudo isso faz com que qualquer pai ou mãe exija mais disciplina. Por quê? Você está boicotando a metade do relacionamento, e eles não têm outra alternativa, exceto a de impor mais disciplina. Realmente preciso lhes dar razão. Eles não têm acesso a você. Não querem transformá-lo em um soldado. Acontece que você se desconectou deles. No momento em que se desconectou, violou a regra espiritual de relacionamentos, com a qual tudo se conecta.

Faça a conexão

Se você se reconectar, as coisas ficarão melhores. Seus pais perceberão qualquer estresse e tensão e, quando isso acontecer, não sentirão a necessidade de chamar sua atenção para regras e compromissos.

Mas como se reconectar?

É preciso fazer hoje diferente de ontem. Seus pais construíram uma imagem sua ao longo dos anos. Você construiu uma imagem deles ao longo dos anos. Essas são as imagens que ficaram gravadas. Na verdade, você é mais do que uma imagem, assim como eles. Logo, agindo de forma mais espontânea e humana, podem apagar essas imagens.

É humano falar e comunicar-se.
Não é humano ser indiferente às pessoas.
É humano ter interesse pelos outros.
É humano se preocupar. Não é humano ser apático.
É humano cooperar.
Não é humano lançar obstáculos e resistência.

Coloque-se de novo do lado humano da equação. Sim, sei que otimizei a palavra *humano* aqui. Há muitos seres humanos apáticos, que não cooperam, que obstruem e que se isolam, mas essa não é a natureza humana que devemos encorajar. Acredito que você pode encontrar algo para fazer hoje que se enquadre em cada ponto:

Pode tirar dez minutos para conversar com seu pai ou sua mãe separadamente.
Pode contar algo de seu interesse.
Pode demonstrar interesse por algo do interesse deles.
Pode fazer alguma tarefa da casa sem que seja solicitado.
Pode buscar uma regra sobre a qual tenha se mostrado resistente e dizer-lhes que concorda em cooperar.

Não se sinta como se estivesse se entregando ao inimigo fazendo essas coisas. Não está. É possível que em alguns assuntos esteja mais certo do que seus pais. Talvez seus pais tenham tanto a mudar quanto você – ou pelo menos alguma coisa a mudar. Mas há apenas uma forma de encontrar o equilíbrio da balança. É necessário que você ceda do seu lado e, então, aprenda a negociar sobre as regras injustas. A desobediência irá apenas fortalecer a linha de frente da batalha. No fundo, seus pais sentem por você um amor perfeito; no fundo você sente pelos seus pais um amor perfeito. Com isso em mente, temos uma base de esperança – todas as situações podem ser aproximadas pelo ideal espiritual.

O mundo é um espelho

P: Onde o mundo estará em 25 anos?

R: Sem ser um físico, não posso lhe dizer onde estará, mas posso afirmar o que será. Será o reflexo das pessoas nele. O mundo é um espelho. Sempre foi e sempre será. Não existe nada nele que não seja posto por nós humanos. Para mim, essa é uma verdade espiritual passível de muitos ajustes. Tenho a tendência a pensar que as coisas boas que acontecem são devido às minhas admiráveis ações, uma vez que as coisas ruins são injustas ou acontecem ao acaso.

Não posso, entretanto, merecer as boas e não merecer as ruins. Na realidade, estou interagindo em vários níveis continuamente e, como a vida é realmente complicada, tenho aprendido a confiar nos reflexos que vejo à minha volta. Os reflexos não mentem. Se as pessoas se mantêm distantes de você, há uma razão e a razão nasce em você. Não é o destino; não são os caras terríveis que são os arrogantes e fracassados. Se você perde três empregos em sua carreira, há uma razão, e ela começa em você e não em seu terrível chefe ou nas péssimas condições de trabalho.

Você é capaz de ver seus reflexos?

Agora, muitas pessoas discordam de corpo e alma desse ponto de vista. Elas não veem nenhum reflexo. Estão certas, e o mundo é apenas injusto. A vida é injusta por si só. Você pode aceitar isso e tentar viver assim. Todos nós possuímos um ego. Gostaríamos de estar certos o tempo todo. O caminho mais difícil mesmo é olhar honestamente para os reflexos que produzimos. Aqui estão algumas coisas difíceis que alguns jovens de repente perceberam:

> Sempre pensei que meu pai fosse horrível, muito malvado e injusto. Um dia, então, fui a um evento pelo qual ele era o responsável. Ele realmente fez com que as pessoas prestassem atenção, e elas acompanhavam e defendiam suas ideias e objetivos. Era mesmo surpreendente vê-lo naquele papel. Questionei-me por que ele não me tratava daquela forma. E se parte do problema era eu.

> Sou uma pessoa extrovertida e digo o que me dá na telha. Penso em mim como uma pessoa divertida, mas os outros dizem que sou falso e inacessível. Isso faz sentido. Até que um dia vi um vídeo de uma festa de aniversário, no qual alguém me filmou sem meu conhecimento. Estava de nariz em pé e algumas vezes dizendo coisas realmente picantes. Achava que eram engraçadas, mas não eram. Isso foi um alerta para que eu mudasse. Eu não via de jeito algum o que os outros viam tão facilmente.

> Estava assistindo à TV com uns amigos, apenas passando tempo. Então fui a outro quarto por alguns minutos e ouvi todos gargalhando e fazendo algazarra, muito relaxados e felizes. Isso me tocou. Eles não estavam assim na minha presença. Questionei-me se alguém ria e se soltava à minha volta e não gostei da resposta obtida. Acho que preciso dar o exemplo.

O que é carma?

Na Índia, a ideia de que o mundo é um espelho é conhecida como carma. *Carma* tem muitos significados. A palavra em sânscrito significa basicamente "ação". Carma, porém, é um tipo especial de ação, o tipo que equilibra o bom e o ruim em nossas vidas. Em outras palavras, o carma otimiza ao máximo o que a pessoa cultiva, portanto cada um merece o carma que tem. Não que você tenha que adotar essa nova palavra, mas gostaria que considerasse que, se a ideia de que "o bem atrai o bem, e o mal atrai o mal" existe por milhões de anos — não apenas na Índia, mas em todas as culturas —, talvez haja algum fundo de verdade nisso. O mundo não é somente um espelho, mas um espelho cármico. Ele mostra em que a pessoa precisa melhorar produzindo reflexos ruins.

É um assunto complexo e há muitas controvérsias em torno dele. Algumas pessoas morrem acreditando que são vítimas e que não merecem nada de ruim que tenha acontecido com elas. Alguns aceitam o dogma científico de que o mundo é um lugar de ações ao acaso, sem relação alguma com o bem e o mal. Você terá de pensar sobre isso por toda a sua vida. Eu apenas falo como alguém que procurou aprender a lição através de reflexos ruins, interiorizando-os para enxergar como poderia melhorar. Não quero fazer do carma um peso. Certamente não tenho o hábito de dizer: "Oh, mereço tudo de ruim que está aparecendo no meu caminho." Chamaria essa atitude de passiva e fatalística. Em vez disso, me olho no espelho diariamente e, de forma franca, mesmo não sabendo sempre o que vejo nele, tento ter a decência de admitir que o que vejo é verdadeiro. É uma charada cuja chave é o que você não percebe.

Siga seu coração

P: O que você pensa sobre relacionamentos inter-raciais?

R: Acho que a pessoa com quem se quer ficar é simplesmente a pessoa com quem se quer ficar. Há sempre duas forças em questão nesses casos. Uma faz com que as pessoas tenham uma aproximação. A outra tenta afastá-las. Normalmente, a segunda tem muito rancor e preconceito ao seu lado. O adolescente que me fez essa pergunta contou que seus pais têm fortes convicções religiosas que fazem com que seja errado se relacionar com pessoas de outra raça. Bem, já houve razões religiosas para que não se dançasse ou ouvisse música, não se deixasse as mulheres saírem de casa, para que sexo fosse permitido apenas como forma de procriação e assim por diante. Essas regras supostamente vêm de Deus e, de alguma forma em quase toda sociedade moderna, houve permissão para que mudassem.

O nível de ignorância nesse mundo algumas vezes é ajudado pela religião, e outras vezes não. Terá de decidir escutando seu coração. Eu diria que se ficar ao lado da primeira força, a que traz as pessoas para uma conexão mais íntima, será mais feliz e conduzirá o rumo do seu destino.

Conectando todo o mundo

P: Você gosta de todos com quem trabalha?

R: Minha resposta é sim, as pessoas com quem trabalho são pessoas legais, mas não é necessário que se goste de todos. Não se pode esperar que haja sintonia com cada pessoa que encontramos na vida. É possível, entretanto, que todos tenham o direito à dúvida. Todos estão conectados e, se você decide selecionar de quem vai gostar, estará se desconectando automaticamente. Isso nunca é uma boa ideia. Perderá muito com isso e nunca verá o que cada pessoa tem a oferecer. Em nível da alma, aceitamos a todos. Tente ver o positivo em cada uma delas, assim poderá ficar mais próximo de sua alma. Não finja ou force a situação. O grande santo indiano Sri Ramakrishna foi questionado se amou a todos que conheceu, incluindo as pessoas más e rudes. Ele sabiamente replicou: "Sei que todos são meus irmãos e que deveriam ser amados como tal, mas posso amar alguns deles a distância."

Problema com os pais

P: Por que meus pais são tão paranoicos?

R: Uma excelente pergunta. Isso foi questionado por cada criança existente em algum momento de suas vidas. A razão para que os pais sejam tão paranoicos é que eles não são você. Você ultrapassou o limite no qual sempre havia harmonia na vida dos seus pais, e é assim que deveria ser. Sempre estará conectado aos seus pais. Mesmo que saia de casa ou fique tão louco que nunca fale com eles de novo, ou que aconteça de ter perdido seus pais muito cedo, essa conexão é eterna. Ela foi forjada invisivelmente pelos milhares de horas nas quais você prestou atenção a eles e eles prestaram atenção a você.

Qual é então a conexão certa que vai fazer você feliz e deixá-los menos paranoicos?

Cuidando

Acho que tenho somente uma simples resposta: Comece a cuidar do outro. Você está passando da idade de precisar deles para tomar conta de você. Independência está em sua mente e cresce fortemente a cada dia. Bem, pessoas independentes tomam conta dos outros. Elas não ficam isoladas pensando apenas em si mesmas. Já havia pensado em se mostrar independente cuidando de seus pais? Isso está relacionado a todo tipo de coisas, como as listadas na barra ao lado "Como domar pais selvagens".

Aposto que jamais ouviu alguém sugerir que os adolescentes devem começar a cuidar de seus pais. Acho que é porque todos pensam em relação às coisas materiais, como dinheiro, comida ou um teto para morar. Seus pais não precisam que você cuide dessas coisas. Mas, no nível da alma, vocês são iguais. Apenas quando os filhos são pequenos, os adultos precisam representar o papel de ser os responsáveis. Precisam ser fortes e responsáveis, pois é assim que criam seus filhos. Mas, em determinado momento, a igualdade retorna. Você irá olhar seus pais de igual para igual. É uma mudança fantástica, um tipo de desenvolvimento que traz uma nova forma de amor e respeito em família. Não desejo que você pule etapas. Curta sua adolescência e deixe seus pais cuidarem de você tanto quanto eles quiserem ou você tolerar. Mas saiba também que sua alma é igual à deles. Você pode passar a viver essa realidade cuidando um pouquinho deles. É assim que duas almas demonstram reciprocamente o amor, partilhando a mesma jornada. Isso, se você parar para pensar, é exatamente o que seus pais têm feito desde o dia do seu nascimento.

COMO DOMAR PAIS SELVAGENS

Não lhes dê razão de preocupação

Tente ver as coisas do ponto de vista deles

Dê a eles o benefício da dúvida

Torne o trabalho doméstico um pouco mais fácil

Seja responsável pela sua própria rotina

Cuide de sua saúde

Faça alguns sacrifícios de tempo e esforço

Mostre que você dá importância aos sacrifícios que eles fizeram por você

A regra de ouro da amizade

P: **Aquela garota na escola realmente me atraía e agora começamos a sair juntos. Todos os outros amigos dela, porém, parecem ter muito mais dinheiro do que eu. Passam horas fazendo compras e não há a menor possibilidade de eu me permitir algo assim. Sei que julgam todos por suas riquezas. O que eu deveria fazer?**

R: Há uma regra de ouro na amizade, a igualdade. No nível da alma, todos somos iguais. Ser amigo significa ter proximidade com a alma de alguém, e dois amigos precisam se sentir iguais ou o senso de igualdade irá sempre gerar tensão. No seu caso, você não quer ser amigo de todas as pessoas que a menina conhece. Quer apenas a amizade dela. Quando sentir que é o momento apropriado, então, chame-a de lado e diga que não está a fim de fazer compras. Não fale sobre dinheiro ou o quanto se sente incapaz de acompanhar o grupo dela. Faça com que a garota seja sua amiga pessoal baseando-se em coisas que podem partilhar igualmente.

Você jamais terá dinheiro suficiente para impressionar pessoas que julgam os outros apenas pela situação econômica. É impossível partilhar sua alma com pessoas tão superficiais. Faça o máximo para ignorar a atitude delas e concentre-se em sua amizade. Se acontecer de sua amiga ser muito parecida com eles e julgar os outros pela quantidade de dinheiro que gastam, então ela é o tipo de pessoa que não segue a regra de ouro da amizade. Isso vai ser triste, mas não é responsabilidade sua. Sua responsabilidade é seguir a regra de ouro de amizade.

Dificuldade em fazer amigos

P: Tenho dificuldade em fazer amigos. O que deveria fazer?

R: Fazer amigos, hoje em dia, é mais difícil do que antes. Muitas famílias mudam de casas diversas vezes enquanto os filhos são pequenos. Poucos crescem em uma cidade pequena onde todos se conhecem. Isso sem falar que as escolas estão mais divididas em panelinhas. Isso tudo significa que não se pode considerar adquirir amizades pela convivência. É preciso que concentre sua atenção em fazer um amigo e não apenas ficar esperando que ele chegue até você.

Como fazer isso, então? Como se transforma um estranho em um amigo? A seguir alguns comportamentos-chave que parecem funcionar:

Ouça mais do que fale.

Perceba pontos positivos em alguém e os mencione.

Demonstre que admira a outra pessoa.

Aceite a outra pessoa como ela é.

Seja gentil e atencioso.

Descubra algo que a outra pessoa deva gostar e ofereça-lhe.

Imagino que haja um grande inconveniente para todos esses pontos: Você na verdade deve conhecer pelo menos um pouquinho a pessoa antes de poder usar algum deles. E para a maioria dos jovens, essa é a parte mais dura — ter de conhecer alguém que pode rejeitá-los, não importa o quão legal você é ou o quão amigavelmente haja. Apenas saiba que não está sozinho em se sentir desconfortável durante os primeiros momentos em que diz olá. Não existem caminhos mágicos para evitar a sensação de incômodo que pode surgir.

Seja simples

De certa forma, nada supera a simplicidade. Siga de cabeça erguida e diga: "Gostaria que fôssemos amigos." Se estiver com medo de que isso seja muito audacioso para você, então pense em um elogio natural para iniciar o diálogo, tal como observar alguma coisa sobre o modo que uma pessoa está vestida. Dizer "Belo corte de cabelo" ou "Onde conseguiu essa bicicleta maneira?", imediatamente, mostra que admira a pessoa. Não faça o contrário falando de você primeiro. Frequentemente temos a tendência a dizer coisas como: "Tenho uma bicicleta igual" ou "Comprei uma camiseta igual a essa semana passada"... Começar a conversa falando sobre você normalmente não dá certo. Você está pedindo que outra pessoa o admire, mas não vai acontecer até que ela tenha uma boa razão para isso.

Acredito na aproximação direta para fazer novos amigos, mas você arrisca ser rejeitado dessa forma. Medo de rejeição é provavelmente a razão número um para que adolescentes — e muitos adultos — prefiram estar seguros sozinhos do que arriscar a possibilidade de ser humilhados. E basta ter se queimado uma vez... Alguém ter lhe dado as costas e saído andando como se você fosse um inseto asqueroso — para que se sinta muito amedrontado desse momento em diante. Uma vez queimado, cautela em dobro, como se diz.

Então aqui estão algumas ideias para ajudá-lo a se fortalecer para esse primeiro momento embaraçoso.

Fortalecendo sua confiança

Outros caras são tão tímidos e inseguros quanto você, mesmo que não demonstrem.

Qualquer um que o rejeite não serve para ser seu amigo.

Você tem muito a oferecer.

Se alguém não quer ser seu amigo, sai perdendo.

O que você imagina de pior quase nunca acontece. É apenas a energia do medo, e o medo nem sempre está certo, independentemente de quão convincente ele seja.

Há tanto que aprender de cada uma dessas frases que você será capaz de dedicar uma vida inteira e, na verdade, nunca acabar a lição. No momento basta usá-las como simples lembrete. Você não está sozinho. Todos querem amigos e todos acham difícil fazê-los.

Bom, mas não o bastante

P: Sou tão inseguro que as pessoas com quem quero fazer amizades são as que mais me amedrontam. Rejeito-me antecipadamente. O que posso fazer?

R: Por que você se rejeita? Quase sempre é porque você se vê através dos olhos de outras pessoas. Na sua cabeça você ouve a voz de alguém dizendo: "Você não é bom o bastante", e assim acha que todos partilham da mesma opinião. Mas alguém pode se ver, de fato, através dos olhos dos outros? Já é difícil se ver através dos seus próprios olhos. (E acredite, todos estão olhando para si mesmos o tempo todo, você não é o único.)

Como se ver?

Eis uma nova forma de se ver. Seja qual for a situação, quando se sentir inseguro, inferior ou apenas morrendo de vergonha, diga a si mesmo: "Sou uma obra inacabada." Acredito que essa seja uma das melhores coisas que você pode dizer a si mesmo, porque é verdade, seu tempo virá. Algum dia você vai florescer. O que você tem de forte será apenas mais forte. O que o embaraça ou o faz sentir inferior pode ser melhorado — algumas vezes as piores coisas simplesmente desaparecem. Você pode se deparar com um lugar onde as pessoas quietas e tímidas são vistas como atraentes. E então, alguém que realmente o ama pode localizá-lo posicionado lá, como uma flor rara que foi ignorada. Por enquanto apenas lembre-se de que nada está acabado, você é realmente uma obra inacabada.

Estourando sua bolha

P: **Tenho um amigo que se senta no fundo da sala de aula todo dia e fica desenhando. Ele não se importa com suas notas porque diz que um dia será um famoso cartunista. O problema é que ele não é bom! Como posso falar para ele parar de jogar sua vida fora?**

R: Vejamos sua pergunta de um ângulo diferente. Quer que eu lhe dê um alfinete para que você possa estourar a bolha de seu amigo? É uma coisa boa fazer isto com um amigo, mesmo que você esteja certo? Haverá muitas pessoas para lhe dizer que ele não é bom. Nada no mundo está livre de críticas, mas amigo é diferente. Ele existe para apoiar. Se as coisas realmente saírem do controle — se o vir desenhando a noite toda em um encontro —, então, claro, pode se intrometer.

Mas aposto que você é muito bom na escola, caso contrário não estaria tão preocupado sobre o futuro do seu amigo. Talvez suas energias fossem melhor aproveitadas para fazê-lo se interessar pela aula. Escolha a matéria de que mais gosta e compartilhe seu entusiasmo. É uma boa maneira para despertar um amigo que está tendo dificuldade para encontrar qualquer motivação interna. E se seu amigo disser: “Não, obrigado”, então saiba que você terá feito o melhor possível e continue a ser um apoio, independentemente das escolhas dele.

Sendo um amigo de verdade

P: Como vou saber quando encontrei um amigo de verdade?

R: Um amigo de verdade é alguém que você pode manter bem perto de sua alma.

Você pode chamar alguém de amigo dependendo de como ele ou ela se comportam em determinadas situações. Vocês devem passar bons e maus momentos juntos, é assim também que se pode dizer se vocês estão sendo bons amigos.

Isso significa que normalmente não se pode identificar os amigos antecipadamente. Mas há coisas que funcionam para manter uma amizade e que serão úteis por toda a sua vida. Se eu estivesse relacionando como todos os meus melhores amigos se comportaram, dez coisas seriam as mais importantes para mim.

Como é um amigo de verdade: Dez qualidades a serem procuradas

1) Um amigo de verdade o escuta quando você mais precisa, não apenas quando é conveniente.
2) Um amigo de verdade sente-se feliz pelas boas coisas em sua vida, mesmo quando ele não leva nenhuma vantagem.
3) Um amigo de verdade lhe diz a verdade quando ela é importante.
4) Um amigo de verdade aceita você como é, sem julgá-lo.
5) Um amigo de verdade é alguém a quem você pode contar um segredo sem ter medo de que ele o espalhe por aí.
6) Um amigo de verdade o ama mesmo sem que você seja perfeito.
7) Um amigo de verdade o inspira.
8) Um amigo de verdade não liga para o que os outros falam de você.
9) Um amigo de verdade o respeita.
10) Um amigo de verdade mora no seu coração como parte integrante de você.

Agora, não é esperado que uma única pessoa viva de acordo com todos esses dez itens. Se eu tivesse dez amigos de verdade e cada um deles incorporasse apenas uma dessas qualidades, me consideraria abençoado. Olhemos para cada uma delas separadamente:

1. Um amigo de verdade o escuta quando você mais precisa, não apenas quando é conveniente.

Os pais ficam impacientes quando seus filhos falam o dia todo ao telefone com os amigos, mas é difícil imaginar a vida do adolescente sem isso. Em sociedades onde não há muitos telefones, os adolescentes ainda se juntam em volta do chafariz da cidade ou no canto da praça do comércio para falar sem parar. É como se nossas almas quisessem partilhar tudo quando somos jovens. Tenho certeza de que você tem amigos, dos quais gosta muito, que preferem falar do que ouvir. Mas, quando você está triste ou com problemas, é a sua vez de falar e a deles de ouvir. Eles farão isso? Você pode contar com isso?

Escutar significa realmente acatar tudo que você tem a dizer. Se dizemos para um amigo: "Estou com medo de ter feito algo errado" ou " Estou diante de uma decisão difícil e simplesmente não sei o que fazer", não esperamos que ele replique: "Não se preocupe com isso" ou "Vamos comer uma pizza e você ficará bem".

Quero que ele escute.

Quero saber que ele compreende e se preocupa com minha situação. É assim que os amigos de verdade reagem. Não tentam mudar de assunto de repente. Não levam a conversa para o lado deles. Sei que uma das coisas mais difíceis do mundo é falar sobre o que realmente nos perturba. Isso não acontece apenas com adolescentes. Somente as crianças menores — e a maioria dos adultos honestos — podem encontrar coragem para demonstrar que têm dúvidas e temores profundos. Mas todas as pessoas sentem isso e, quando chega a hora de falar das preocupações secretas, queremos alguém que aceite o que temos a dizer. Mesmo que essa pessoa ou você fiquem se contorcendo por dentro. Quando acabamos de falar e nossas preocupações ocultas são trazidas à tona, saberemos se fomos ouvidos, pois a pessoa que fala e o amigo ficarão mais próximos do que nunca. Se você tiver a grande sorte de seu amigo de fato ter compreendido seus sentimentos, verá que um pouco de sua carga terá ficado mais leve.

Apenas porque alguém o escutou.

2. Um amigo de verdade sente-se feliz pelas boas coisas em sua vida, mesmo quando ele não leva nenhuma vantagem.

Talvez esse seja um tema sutil, mas o coloquei no início da lista. Um amigo de verdade sabe ficar feliz por você. Quando você tira um A em um teste ou é eleito o melhor do seu time, os olhos dele brilham, pois ele fica tão feliz quanto você. Ele não sente ciúmes. Não inveja sua felicidade e deseja roubar a sua glória. Sua felicidade é a felicidade dele.

Ponho essa qualidade no início da lista porque, depois de anos observando as pessoas, acredito que ficar feliz pelos outros é um raro presente. Não tão raro como um animal em extinção, mas ainda assim bem raro. Essa qualidade é denominada empatia, que é parecida com simpatia — as palavras possuem o mesmo radical —, mas simpatia carrega uma triste associação e pressupõe solidariedade. Enviamos um cartão de solidariedade quando alguém morre ou fica doente. Empatia tanto pode ser positiva quanto negativa. Significa que você está receptivo aos sentimentos dos outros. As pessoas empáticas jamais ficam sozinhas, pois sabem como ficar intimamente ligadas aos outros. Empatia significa não excluir ninguém nunca. Não se sente medo das pessoas quando se é capaz de compreendê-las.

Na verdade, a pessoa *deseja* compreender as demais.

Vê por que isso é um raro presente? Quer saber como é sentir-se triste por perder o pai ou a mãe por causa do divórcio? Como é sentir-se como alguém que chegou em último lugar na corrida ou que está totalmente sem grana? É duro sentir-se assim. Mas, a não ser que seja capaz de se colocar no lugar dos outros, jamais será capaz de ter uma das maiores alegrias da vida, que é criar vínculos. Quando você e seu amigo criam vínculos, é como ter alguém dentro do seu coração. Ficam tão próximos que quase respiram o mesmo ar – pelo menos quando passam por esses momentos especiais de proximidade.

Partilhar lágrimas e risadas tem tudo a ver com amizade. Já que é difícil sentir alegria por alguém quando esse alguém ganha a competição e você não, quando ele ganha A e você recebe um C. Valorizo qualquer amigo que sinta isso perto de mim.

Tão próximo que minha felicidade torna-se dele automaticamente.

3. Um amigo de verdade lhe diz a verdade quando ela é importante. E se a pior coisa que alguém lhe disse for a verdade? Você fugiria dessa pessoa? A maioria de nós sim. Logo, ter um amigo com o qual você possa realmente ser honesto é um presente. A verdade tem um monte de inimigos e nem todos eles são mentiras. Estou certo de que bem cedo nesse jogo da vida você aprendeu o truque para fazer amizades com alguém: bajulação. "Oh, como você está bonita hoje. Mal posso esperar para ver você com as roupas novas. Tudo que você faz é tão legal." Bajular não é o mesmo que mentir. O que é dito não é exatamente falso. Apenas se aprende a selecionar as coisas que agradarão mais a outra pessoa. Mas bajular não é também o mesmo que dizer a verdade.

Por quê? Porque se está sendo seletivo. Deixam-se de fora as coisas desagradáveis. É como pegar os melhores e mais cremosos bombons de uma caixa e descartar os outros. Se for necessário bajular alguém para com ele fazer amizade, duvido que você tenha um verdadeiro amigo. Na verdade, posso quase garantir isto. E se alguém está incensando você, tentando fazer você pensar que é maravilhosa o tempo todo, não tenho certeza de que este alguém lhe dirá a verdade quando você precisar ouvi-la.

Que tipo de coisas um amigo verdadeiro diz a você quando é necessário? Não estou me referindo a coisas negativas. Você não precisa de alguém que lhe diga que você não é boa o suficiente ou que as pessoas não gostam de você ou que seus sonhos são bobagens e nunca se tornarão realidade. Este tipo de opinião negativa nunca ajuda ninguém. A verdade ajuda. É o que eu considero importante ouvir. É útil enxergar algo que eu não conseguiria enxergar sozinho? Imagine seu melhor amigo lhe dizendo qualquer uma das seguintes frases:

"Você está entregando os pontos. Não desista."

"Você precisa de mim para ajudá-lo, e eu não vou largá-lo até você me liberar."

"Você está cheio de você."

"Isto é papo de autopiedade. Seja corajoso."

Estas são frases que todos nós precisamos ouvir em determinado momento da nossa vida. Elas incentivam, mas não são exatamente o que gostamos de dizer a nós mesmos. Elas não nos deixam péssimos quando as ouvimos. Mas, quando veem de um amigo verdadeiro, frequentemente correspondem à verdade. Não que a verdade tenha que ser negativa. Um amigo verdadeiro também sabe quando dizer "Você é ótimo" e "Amo você, cara" exatamente quando isto for ajudá-lo. Nossos espíritos anseiam pela verdade, e estão constantemente enviando sinais para que possamos encontrar a verdade. Esta é a essência da vida espiritual. Mas quando seu espírito não está captando a mensagem, são os amigos verdadeiros que intervêm e fazem isto para você.

4. Um amigo de verdade aceita você como é, sem julgá-lo.

Eu apenas disse que quero um amigo de verdade para me dizer a verdade. Mas não desejo que ele me coloque para baixo. No fundo dos nossos corações, menosprezamos outras pessoas, até mesmo quem consideramos amigos. "Ele é muito gordo." "Ela não é tão bonita quanto acha que é." "Ele tenta ser popular, mas não passa de um chato." Nossas opiniões negativas denominam-se julgamentos. Um julgamento não é apenas um pensamento negativo. É um pensamento que faz com que o outro seja errado, culpado ou vergonhoso. É estranho que muitas pessoas pensem que estão sendo úteis verbalizando seus julgamentos negativos.

Considere os seguintes exemplos.

Falar mal rotulando: Conselhos "úteis" que realmente ferem

"Você precisa trabalhar seu corpo."

"Aí está você falando tudo errado."

"Aquele garoto/a jamais sairá com alguém como você."

"Ouvi alguma coisa realmente maldosa sobre você."

"Alguns caras estão dizendo que você não é popular."

"Não seja tão idiota da próxima vez."

"Você ficará melhor se mantiver a boca fechada."

"Eu jamais faria isso. O que você estava pensando?"

Deixe-me ser bem claro. Se eu tivesse um amigo que falasse essas coisas, mesmo de brincadeira, mesmo que algumas poucas vezes, deixaríamos rapidinho de ser amigos. E também não digo nada dessas coisas para meus amigos. Em caso de dúvida sobre o conselho a ser dado, apenas aplique a mesma opinião sobre si mesmo e imagine como se sentiria.

Ficaria mal por não estar bonito, por estar gordo ou por alguns caras falarem mal de você pelas costas? Sem dúvida. Logo, não precisa falar novidades como essas para ninguém.

Já teve medo de dizer a coisa errada ou parecer estúpido? Claro. Logo, não precisa colocar ninguém em uma situação parecida.

Sentiria vergonha se alguém o chamasse de burro, chato, malvado ou vagabundo? Nem preciso responder. Você já sabe que não estaria fazendo favor a ninguém repetindo coisas desse tipo.

Essas são demonstrações grosseiras de opiniões que os adolescentes falam sem pensar o tempo todo. É uma das mais lamentáveis pressões do grupo, quando se tenta ser aceito fazendo com que os demais se sintam inferiores. Tentamos nos sentir grandes fazendo com que os outros pareçam menores. Nunca dá certo, até porque julgar os outros é péssimo, muitas pessoas adquirem esse mau hábito na adolescência e permanecem com ele quando adultos.

Um amigo verdadeiro não julga. Quando a pessoa é gorda, o amigo a aceita. Não importa que seja gorda. Não atenta para o fato de ser gorda. Sem esconder que na verdade acha que ser gordo é nojento. Qualquer um pode fazer isso dizendo: "Oh, você não é tão gordo assim. Todos gostam de você de qualquer forma, tome mais um sundae e se sentirá melhor." Não é como um amigo de verdade age. Um amigo de verdade o ama no nível da alma e nesse nível não há quem fique impune aos nossos piores atributos. O que fere muito pelo fato de sermos julgados é que secretamente... ou nem tão secretamente — acredita-se nas coisas ruins que são ditas. A pessoa se sente feia, burra ou envergonhada. Nossa alma existe para dizer que esses julgamentos não são verídicos. É regra. São coisas que se fixam na mente, como se fossem uma bactéria da obstinação. A cada dia, e o tempo todo, nossa mente fica tentando encontrar caminhos para derrotar as ideias asquerosas que atacam a verdade. Quer dizer: somos completamente bons e bonitos, totalmente capazes de sermos amados. Na sua jornada espiritual descobrirá o quanto seus julgamentos estiveram errados.

Leve um amigo de verdade com você nessa jornada. Terá muita verdade e um monte de alegria para partilhar pelo caminho.

5. Um amigo de verdade é alguém a quem você pode contar um segredo sem ter medo de que ele o espalhe por aí.

Fofoca é uma coisa engraçada. Todos sabem que é errado, mas todos fazem. A melhor fofoca, é claro, é quando sabemos um segredo de alguém. E, então, temos o prazer de contá-lo aos outros. E, por um pequeno momento, temos a posse premiada de um segredo terrível, instigados a espalhá-lo; estamos dominados pelo demônio da fofoca que nos induz a fazer algo malicioso e, mesmo sabendo que nos arrependeremos, não conseguimos deixar de fazer.

A fofoca não deixa de existir porque é errada. Mas, pelo menos, meu amigo de verdade não irá fofocar sobre mim. Não irá pegar um segredo que tive a coragem de compartilhar e sair espalhando por aí levianamente. Ele não fará de mim motivo de risadas. Não se divertirá às minhas custas. Acredito que a fofoca seja normalmente um sinal de como algumas pessoas têm vidas aborrecidas. Nesse sentido é bastante inofensiva, mas no nível da alma não é assim tão inofensiva. Ferimos o espírito das pessoas quando as ridicularizamos ou quando traímos seus sentimentos.

Mesmo quando elas não estão lá para nos ouvir.

É algo que a maioria das pessoas não percebe. Falar pelas costas dos outros tem o mesmo poder de ferir do que falar na cara. O ferimento, entretanto, é menos visível. Acontece em nível espiritual. Quando você ridiculariza alguém pela frente, pode perceber imediatamente o dano causado. Mas, apenas pense numa garota da escola que todos classificam como idiota. Todos riem dela pelas costas. Acham que é realmente engraçado quando ela dá mais um fora. Quando você a vê no corredor, ela não parece evitar seu olhar, desviar a cabeça ou lhe dirigir um olhar que diz: Sei o que você está falando sobre mim? É porque ela sabe. No nível espiritual todos sabem quem está ao nosso favor e quem estabeleceu julgamentos contra nós. Sabemos quando fomos feridos, mesmo sem termos estado lá para ver.

Logo, mesmo sendo difícil resistir à sensação da fofoca, um amigo de verdade resiste. Não importa qual seja o assunto. Em caso de cometer um deslize traindo a confiança e contando sobre o que ouviu em segredo, é corajoso o suficiente para confessar o que fez. Ele sabe que o outro não ficará feliz. Sabe que a amizade terá sido colocada em xeque por um momento, mas seria bem pior falar pelas costas e não contar.

6. Um amigo de verdade o ama mesmo sem que você seja perfeito.

"Não sou perfeito, mas estou melhorando." Não me lembro quando ouvi isso pela primeira vez, mas é uma boa forma de viver. Ninguém espera que sejamos perfeitos. Em primeiro lugar, por ser impossível e, em segundo, porque daria muito trabalho. Não é fácil, tampouco, deixar a mania de perfeição. Alguma voz interior diz que temos de ser perfeitos ou não seremos bons de jeito algum. Se jamais ouviu essa voz, fico feliz, pois muitos ou a maioria dos jovens ouvem. De onde ela vem? Comecemos pelos pais e professores. Eles exercem pressão para que obtenhamos sucesso, e, por termos receio de frustrá-los, a voz interior começa dizendo: "Você não pode cometer falha alguma. Se falhar, ninguém mais gostará de você. Você precisa ser perfeito."

Quero um amigo de verdade que não me olhe assim — não o tempo todo. Um amigo que gosta de mim mesmo quando dou com a cara no chão. Espera que eu faça o melhor e isso basta. Ser perfeito não é sinônimo de ser feliz. Quando as pessoas ouvem isso, normalmente não acreditam. Acham que ser perfeito ou ser rico equivale a ser feliz. Além do mais, é tudo que importa para elas. Ser perfeito ou rico — como seria maravilhoso se pudéssemos ser ambos! As pessoas mantêm isso como objetivo de vida.

Um amigo de verdade ficará desapontado se você começar a pensar assim. Porque o perfeccionista tem o pequeno hábito repulsivo de extrapolar. Você não conhece garotas que têm obsessão pelo peso ideal? Todos exigem perfeição em algum dos estágios da vida. É fácil perceber que numa hora vão querer o namorado perfeito, seguido da escola perfeita, do trabalho perfeito, do marido perfeito e, para coroar tudo, filhos perfeitos. O que não percebem é que esses filhos se sentirão infelizes porque muita pressão será colocada sobre eles. A perfeição não é possível, a não ser no nível da alma e isso não é uma questão do peso, de namorados, empregos ou qualquer outra coisa no mundo exterior.

Perfeito no nível da alma é o amor perfeito. É a verdade perfeita. É a harmonia perfeita com o universo. Essas são perfeições interiores e não superficiais. A cada dia nossa alma deseja que nos aproximemos mais e mais para alcançar esse tipo de perfeição. É o único tipo de perfeição que jamais traz tristeza, estresse ou pressão de outra pessoa. Toda perfeição interior é capaz de trazer alegria crescente e uma vida evolutiva. Quero um amigo que possa evoluir comigo, que conheça meu interior e que me ame por isso.

7. Um amigo de verdade o inspira.

Sei que pode ser complicado conviver com alguém que é melhor do que você em muitas coisas. Mas, em vez de fazer disso uma competição, olhe por outro lado. Se inspire no seu amigo sem se comparar com ele. Inspiração é uma qualidade da alma. As duas palavras, *espírito* e *inspiração*, têm, na verdade, a mesma raiz etimológica. Quando alguém nos inspira, está partilhando seu espírito conosco, e ao mesmo tempo nutrimos nosso próprio espírito.

Logo, procure alguém para cuidar e se tornem amigos. Não é necessário engrandecer o amigo ou dizer que ele é o máximo. Mas diga o que você vê nele que o inspira. Certamente isso chamará a atenção dele, pois todos gostam de ouvir o que temos de bom. Admiração sincera é um belo alicerce para uma amizade. E frequentemente verá que a pessoa que o inspira tem outra surpresa no percurso: irá admirá-lo também. Um amigo de verdade o admira e jamais o usará como instrumento para fazer com que ele pareça melhor. Não importa que você não seja tão bonito, esperto, rico ou talentoso. Ainda assim, seu amigo verá algo especial em você – e isso é inspiração em duplo sentido.

8. Um amigo de verdade não liga para o que os outros falam de você.

Algumas vezes um amigo precisa ser mais forte do que você. É quase impossível manter-se imune à opinião dos outros. Quando ouve que outros caras estão falando sobre você, mesmo que tenha medo de que seja algo ruim, ainda assim quer saber o que é. Na maioria das vezes o que estão dizendo não é bom para sua autoestima. A fofoca rebaixa a pessoa pelas suas costas. Mas, ao menos, seu amigo de verdade é capaz de gostar de você apesar do que qualquer pessoa diga. Quando se é adolescente é difícil de acreditar nisso, mas os mais populares da escola não são os que serão mais felizes e obterão mais sucesso na vida. Normalmente são os mais preocupados com a aparência ou com a imagem que os outros terão de sua popularidade.

Mas o que há na verdade por trás do desejo de ser popular? Pense sobre isso. Não são essas pessoas que mais se importam com o que as outras estão pensando? Se não fossem, não precisavam se esforçar tanto. Os mais populares existem também para rejeitar os que não se ajustam. Julgam e humilham outros caras sem nenhuma boa razão, a não ser fazer com que outra pessoa qualquer sinta-se menor ou inferior, para que possam se sentir seguros. Não seja bobo: não há segurança na vida de uma pessoa quando isso depende da possibilidade de fazer outros parecerem menores. Ela sempre estará ressentida, mesmo que superficialmente as pessoas finjam que a admiram.

Um amigo de verdade se mantém acima dessas coisas. Ele pode dizer: "A popularidade não é tudo. Se eles o conhecessem como eu o conheço, ninguém jamais faria pouco de você." E essas palavras serão sinceras, pois quando um amigo está bem perto da nossa alma, pode ver como é banal a convivência social. Tenha apenas um amigo que possa vê-lo pelos olhos da alma e você estará protegido — o mais protegido que alguém pode estar — da crueldade social que exerce uma parte tão grandiosa dessa nossa vida.

9. Um amigo de verdade o respeita.

Há muitas razões para que os adolescentes tenham medo de impor respeito. Primeiro, é algo que os adultos pedem o tempo todo, de uma forma ou de outra. "Enquanto estiver na minha casa, respeitará minhas regras." Quem não ouviu essa frase de um pai aborrecido pelo menos uma vez? Talvez mais do que uma vez. Os adultos falam em como o respeito deve ser aprendido, o que parece intimidador. É como se a pessoa tivesse de ganhar um jogo de basquete com apenas uma jogada, ou salvar um bebê de uma casa em chamas, para que depois alguém possa respeitá-lo.

Respeito, porém, é outra qualidade da alma. Eu chamaria de "igualdade" da alma, pois para eu respeitá-lo não é necessário que você faça nada, a não ser abrir sua alma para mim. Por trás de todas as máscaras, cada um de nós é igual e merecedor de respeito. Se puder encontrar um amigo que saiba disso, terá encontrado um tesouro.

Como os jovens não esperam que ninguém os respeite, frequentemente acabam se comportando de forma a não se respeitarem entre si também. Você está desrespeitando alguém, mesmo quando não pretende fazer isso, comportando-se das seguintes formas:

Debochando de alguém quando a pessoa está fazendo o melhor possível.

Apontando o erro do outro.

Mostrando que você tem mais dinheiro e coisas melhores do que o outro.

Humilhando os pais e os irmãos do outro.

Criticando a fé do outro.

Tratando o outro como se seus sentimentos
não fossem importantes.

Esse tipo de comportamento é comum na fase escolar, e eu acho que as razões são as que acabei de mencionar: não é possível respeitar quando a pessoa tem medo de impor respeito. Cada um de nós finge que está bem ouvindo alguém debochar do nosso irmão menor ou se vangloriar por ter um pai que ganha mais dinheiro. Nós nos encolhemos de vergonha por dentro, mas fingimos não sentir nada quando alguém ri por sermos tão ruins no futebol ou perdermos todas as jogadas no beisebol. A coisa certa a fazer é não fingir. Quando alguém demonstra desrespeito, não é necessário chamar a atenção sobre o fato. Mas não fique fingindo que nada acontece. Vá diretamente, fale e aponte o que aconteceu ou, se impossível, fique atento aos amigos verdadeiros que não riem de suas fraquezas e não se vangloriam do dinheiro que têm.

Tenho certeza de que alcançou o que eu quis dizer, mas há mais uma coisa que eu gostaria de mencionar. Algumas vezes quando discordamos de alguém ou discutimos por alguma razão, a pessoa rebate dizendo: "Você está me desrespeitando." Realmente, quando a pessoa sabe que está com a razão, tem a tendência a defender seu ponto de vista, mesmo se tiver de discordar de alguém. Fica ainda mais claro quando a outra pessoa é um amigo. Não deixe a palavra *desrespeito* assustá-lo. O verdadeiro respeito não se relaciona a opiniões. Independentemente de quem está certo ou errado. Tem relação com a igualdade da alma. Se puder ter isso em mente, terá aprendido o respeito pessoal e conquistado o respeito das pessoas, e achará mais fácil retribuí-lo.

10. Um amigo de verdade mora no seu coração como parte integrante de você.

Deixei essa qualidade por último, embora você talvez acredite que deveria vir primeiro. Deixei por último por ser o tipo de coisa que poderia confundir você. As pessoas que de fato tocam seu coração não são percebidas facilmente. São consideradas garantidas por estarem sempre à mão. Espero que tenha a bela experiência de ser capaz de guardar muitas pessoas em seu coração. É uma rara habilidade, pois muita gente acha que apenas a família deveria ter um lugar reservado nele. Ou, talvez, a pessoa por quem se apaixonar.

Acredito que o coração seja bem maior do que isso. Ele pode incluir qualquer um cuja alma seja sentida especialmente próxima. Você se percebe sentindo a mesma coisa que a outra pessoa sente, pensando da mesma forma. Pode partilhar momentos silenciosos sem precisar falar muito. E, acima de tudo, jamais sente medo ou insegurança perto dessa pessoa. Chamaria essas peças-chave de marcos. Você perceberá que são as pessoas por quem se apaixona que fazem com que se sinta inseguro e em perigo. É uma das peculiaridades sobre romances. Isso pode lhe causar medo, porque você se sente desprotegido e vulnerável.

Algumas vezes é diferente, e as pessoas que ama acabam ocupando um lugar em seu coração. Mas, na maioria das vezes, acredito que são os verdadeiros amigos que chegam lá primeiro e ficam por lá. As meninas costumam ser melhores nisso do que os meninos. Não porque os meninos não tenham grandes corações, mas outras coisas interferem. A tentativa de parecerem populares ou agir como tal. A tentativa de serem vencedores. A tentativa de parecerem melhores do que são ou de transformar qualquer relação numa competição. Os meninos são assim frequentemente. Mesmo assim, não importa que seja menino ou menina. Naturalmente seu coração deseja estar próximo de outras almas e, se deixar que ele faça o que quer, não há limites para o número de pessoas que podem viver em seu coração. Fique atento. Ficará surpreso com quem poderá pertencer ao seu coração no final das contas.

Almas gêmeas

P: Eu tenho uma alma gêmea? Quando irei encontrá-la?

R: Parei para responder a essa pergunta quando percebi que foi formulada por uma menina de 13 anos. Fiz uma pausa, tentando não ficar chocado. Por que alguém tão novo estava pensando sobre uma alma gêmea? Rapidamente, entretanto, me dei conta de que a expressão *alma gêmea* tornou-se parte de uma crença romântica, como o príncipe encantado. Desejo e acredito que eu seja o príncipe encantado da minha esposa. Mas, se a pessoa me pergunta sobre o único e exclusivo amor que se encaixa perfeitamente a ela e que viajaria através do universo para encontrá-la, não acreditaria em um fenômeno como esse.

É uma grande conquista para qualquer pessoa conquistar uma situação que permita que duas pessoas em um relacionamento cresçam. Pode-se começar agora com alguém de que a pessoa realmente se sinta próxima. É menos romântico do que ficar sentada numa torre até o dia em que um herói a arrebate. Mas, na verdade, se a pessoa se relacionar com todos como almas semelhantes, estará mais receptiva quando chegar o momento de selecionar quem será sua alma gêmea.

Afinal de contas, todas as almas não são perfeitas quando nos envolvemos com elas?

Paixão

P: Sempre me apaixono muitas vezes. Isso está certo? Qual o lado espiritual de se apaixonar?

R: O coração é um músculo e, como todos os músculos, precisa de exercício. Se apaixonar é um jeito que o coração encontra para se expandir para intensa alegria, dor, medo e curiosidade ao mesmo tempo. É um tipo de exercício, não físico, mas emocional. É preferível se apaixonar muitas vezes a jamais se apaixonar.

Em relação ao lado espiritual da paixão, preciso confessar que, para mim, se apaixonar é espiritual em sua essência. O que é se apaixonar? A pessoa muda, tudo em volta muda. O mundo comum se ilumina. A pessoa sente-se como se flutuasse. A pessoa amada é perfeita em todos os sentidos. O mundo será simplesmente perfeito desde que as duas pessoas fiquem juntas para sempre.

Essas percepções não são duradouras, mas acredito que elas nos dão uma rápida visão de como a alma se sente na realidade. No nível da alma há iluminação e amor que mudam o mundo. A pessoa não fica acorrentada de todos os lados; pelo contrário, fica livre. Ela pode ser e fazer o que bem entender. Essa sensação de poder e liberdade vem com o ato de se apaixonar.

Você precisa, apenas, transformar a fantasia em realidade. O único problema é que se apaixonar acaba se tornando muito fantasioso e pouco realista. A realidade da alma está esperando por você em sua jornada espiritual. Deixe suas paixões ser o que são: uma pequena demonstração da realidade da alma.

Decepção amorosa

P: Tenho 18 anos e quase me casei com alguém a quem amava profundamente. No último minuto escutei meus pais e desisti. Depois de alguns meses surtei, pois eu descobri que meu "verdadeiro amor" estava saindo com outra garota. Estou ferida e amargurada. Por que é preciso existir esse tipo de decepção?

R: Gostaria que essa fosse uma questão fácil, porque se decepcionar amorosamente faz mais do que ferir. Frequentemente ela traz desilusão. Quando a pessoa se apaixona, tudo parece perfeito e maravilhoso. Há uma espécie de escudo que a protege das preocupações corriqueiras e desapontamentos. Quando há a decepção, o escudo se parte. Mesmo que esteja voltando para a vida normal, a experiência parece maior. Parece que a perfeição foi alcançada apenas para ser perdida novamente.

Não acho que esse sentimento devesse ser levado em consideração. A paixão não é uma ilusão, mas não significa que seja eterna. Como mencionei antes, é uma visão rápida da realidade da alma. Quando há a decepção, a visão se esvai, mas ainda assim ela foi real, você a viveu e sentiu como ela era. Logo, não se amargure e lute contra a desilusão. Nada de errado aconteceu com você. O amor é uma força cósmica. Sua glória o aguarda e jamais poderá ser perdida. Enquanto cuida dos sentimentos feridos, vislumbre um futuro no qual o amor florescerá novamente.

5

Deus

"DEUS REALMENTE EXISTE? COMO POSSO TER CERTEZA?"

As pessoas brigam por causa de Deus. Sempre o fizeram e sempre o farão. Aqui estamos nós, nos chamados tempos modernos, mas ainda lutando com antigos argumentos como: *Meu Deus é melhor do que o seu Deus. Se não acredita no meu, deve morrer.* Uma vez, alguém calculou que umas trinta guerras acontecem a cada ano no mundo. A maioria das guerras começa por causa de Deus e, mesmo quando não são por causa de Deus, os dois inimigos se gabam: "Deus está do nosso lado."

É bastante trágico que as pessoas briguem por causa de Deus, haja vista que se supõe que Deus defende o amor, o perdão, a partilha e a ideia de sermos todos parte de uma só família. Eis aqui, entretanto, algo ainda mais estranho: Todos parecem ficar emocionalmente envolvidos com alguém que jamais viram. Deus é invisível. Uma vez ele andou pelos jardins do paraíso, como diz o livro do Gênese, mas ele estava lá porque desejava admirar o paraíso que acabara de criar. Agora ele vive bem, em qualquer outro lugar. Talvez seja no paraíso, talvez seja em alguma moradia entre o tempo e o espaço.

Cara a cara com Deus

Não seria legal encontrar-se com Deus de verdade antes de começar a defendê-lo? Na verdade, não seria legal encontrar Deus antes de ter qualquer opinião forte sobre ela? (Não se sinta confortável demais chamando Deus de *ele*, já que ele é parte de tudo. Deus seria mais facilmente adorado como *ela*. Manterei o uso de *ele* apenas por ser o modo usado por centenas de anos.)

Sei que é pedir muito às pessoas para que parem de brigar por Deus assim de uma hora para a outra. Mas você e todos que conhece podem ainda ter a esperança de encontrar Deus. Isso parece impossível? Na verdade, Deus pode ser encontrado de diversas maneiras no dia a dia.

Como encontro Deus?

Ele pode ser visto em sua criação.

Ele pode ser visto em seu coração.

Ele pode ser visto em sua mente.

Ele pode ser visto no amor ao próximo.

Ele pode ser visto em seu ser.

Com o passar do tempo, se prestar atenção a cada encontro que tem com Deus, verá Deus com frequência e mais profundamente. Um dia terá um encontro mais próximo de verdade; e esse encontro mudará a sua vida.

Tudo isso começa quando ficamos atentos aos momentos nos quais o espírito está próximo. Compre um caderno ou um diário para registrar todos os seus encontros. Talvez queira chamá-lo de "Encontros próximos" ou "Meu tempo com Deus".

Agora, pelos próximos trinta dias, fique à procura de qualquer coisa que se enquadre à lista anterior.

Encontrando Deus em sua criação

EXEMPLOS

"Hoje vi um belo pôr do sol que tirou meu fôlego. Estava caminhando lá fora e meus olhos se depararam com uma cadeia de nuvens brancas — foi glorioso."

"Essa noite caminhava ao ar livre e olhei para as estrelas. Minha mente ficou repleta de devaneios ao imaginar o infinito além das estrelas."

Encontrando Deus em seu coração

EXEMPLOS

"Estava sozinho hoje e senti uma verdadeira paz. Está tudo bem com o mundo e comigo também."

"Estava na floresta hoje e me senti em total sintonia com a natureza. Gostaria de poder sentir isso todos os dias."

"Comecei a sentir que poderia ser capaz de amar mais intensamente, apenas por estar imensamente grato por estar aqui."

Encontrando Deus em sua mente

EXEMPLOS

"Olhei hoje para uma rosa, e ela era tão incrivelmente bela que eu me perguntei que espécie de mente poderia ter criado uma coisa como essa."

"Pensei no nome de alguém e no minuto seguinte essa pessoa me telefonou — senti um arrepio, era como se o universo tivesse lido minha mente."

"Fechei os olhos e tentei imaginar o infinito, não consegui, mas senti que quase pude tocá-lo."

Encontrando Deus no amor ao próximo

EXEMPLOS

"Eu estava surpreso hoje pelo tanto que amava __________."

"Acredito que ele/ela tem um espírito lindo."

"Hoje me dei conta de que quando alguém está adormecido, não importa quem seja, nesse exato momento parece puro como um anjo."

"Vi um estranho na rua e na mesma hora achei que poderia amar aquela pessoa caso viéssemos a nos conhecer."

Encontrando Deus em seu ser

EXEMPLOS

"Hoje, por um momento, senti que estou no lugar certo e na hora certa, e que minha vida é importante. Percebi minha singularidade."

"Senti hoje que sou um privilegiado. Poderia ser realmente excepcional de alguma forma."

"Senti hoje que esse é o melhor momento para se estar vivo."

Essas são apenas pequenas amostragens para começar. Perceba que nenhum deles usa a palavra *Deus*. Não é necessário. Apenas precisa ser autêntico e fiel aos seus sentimentos. Nem sempre é fácil. Rapazes, particularmente, podem não se sentirem confortáveis se seus colegas disserem que eles estão escrevendo coisas de maricas sobre nuvens gloriosas e vida amorosa. Mas todos temos momentos como esses, e o diário de seus encontros íntimos com a espiritualidade é apenas para você. Posso lhe prometer que, se você realmente der uma chance a essa experiência, seu espírito irá se tornar surpreendentemente acessível em trinta dias – você não será a mesma pessoa. A admiração por sua própria existência começará a florescer, e uma vez iniciado, não há fim para esse processo.

Iremos agora dar o passo radical de convidarmos Deus para retornar à Terra e deixar de ficar tão distante. Não existe um jardim do Éden por onde ele possa andar, mas minha abordagem, de qualquer forma, não é religiosa. Já falamos sobre a necessidade de sermos espiritualistas sem precisar obedecer a uma determinada religião e seguir suas crenças ao pé da letra. Se respeitarmos todas as religiões, teremos galgado um degrau em direção à paz. Acredito que Deus ame a paz mais do que quaisquer outras qualidades do espírito, portanto esse é um verdadeiro bom começo. Não temos o hábito de encontrar Deus procurando por ele no nível da alma, que essa é a maior caça ao tesouro já concebida e a única viagem que merece ser chamada de cósmica.

Então, mãos à obra.

Procurando por Deus

P: **Sei que algumas pessoas passam toda a vida tentando encontrar Deus. Como isso funciona? Basta orar e esperar?**

R: É mais do que orar e é mais do que esperar. Primeiro, você deve decidir se Deus está dentro ou fora de você. Um Deus que está fora da pessoa deve ser diferente do que está dentro. É lógico que todos achamos que é um pouco de cada. Quando lemos uma poesia como

Deus está em seu paraíso...
Tudo está bem com o mundo

quase automaticamente vemos a imagem de uma pessoa, "Deus", vivendo em um lugar, "paraíso", que não está dentro de nós. Quando as pessoas oram, enviam suas preces a Deus, então é de novo quase automático pensar em uma oração como se a prece fosse uma carta enviada pelo correio.

Quando pensamos sobre o amor a Deus, esse sentimento deve ocorrer em nosso interior. O mesmo acontece com a paz e o conforto de Deus. Deveríamos então procurar por Deus tanto interna quanto externamente? Por milhões de anos as pessoas procuraram das duas formas. Na verdade, nas férias de verão gastamos vastas somas de dinheiro e tempo para visitar lugares sagrados onde Deus supostamente viveu (em algumas partes do mundo isso ainda acontece). Os peregrinos buscavam templos sagrados ou lugares de antigos poderes que diziam que eram especiais para Deus. Uma vez lá, eles têm a expectativa de uma experiência interior que comprovaria que a presença de Deus seria verdadeiramente encontrada no fim da trilha.

Deus é uma jornada

Você pode procurar Deus dessa forma se desejar; acredito, porém, que a jornada interna para encontrar Deus é igual à externa, e não é necessário sair de casa. A jornada interna é igual à busca da alma. Em outras palavras, você está realmente procurando uma parte de si mesmo. Mas, ao contrário das suas mãos, que você não precisa procurar porque estão logo ali, ou da sua mente, que não tem de procurar porque tem pensamentos o tempo todo, sua alma se encontra além. Além do quê? Além das atividades cotidianas do mundo. Se vai encontrar Deus, deverá achar uma maneira de ver todas as coisas que a vida lhe proporciona no dia a dia. Aqui está como fazer isso.

Aprendendo com o rio

Imagine que sua vida é como um rio que segue muito rápido pela superfície. Isso serviria para todas as ações que ocupam seu tempo todos os dias. Desde o momento em que abre os olhos de manhã você recebe um mundo cheio de sinais e sons. As outras pessoas querem que você faça coisas de todos os tipos. Sua mente salta para toda essa atividade e corre junto com ela.

Logo abaixo da superfície o rio corre mais quieto e mais devagar. Você também é assim. Por baixo de toda confusão de atividades sua mente não está tão ativa. Tenho certeza de que percebeu isso, apesar de que talvez não tenha prestado atenção às coisas que ficam abaixo da superfície. É possível que não tenha percebido, por exemplo, aqueles momentos de paz que ocorrem quando está deitado de costas na grama apenas observando as nuvens, quando começa a cochilar ou quando é arrebatado de repente por um belo pôr do sol. Mas a mente faz uma pequena pausa e experimenta então um pouco mais de paz.

Bem no começo um rio flui muito, muito vagarosamente. Você também é assim, pois se vai procurar Deus em seu íntimo, pode aprender a mergulhar no silêncio e na plena calmaria de sua mente. Agora você está verdadeiramente indo além. Está levando a sério o grande ditado: "Fique sossegado e saiba que eu sou Deus." O que há bem no início de um rio? Um leito de pedra. A base que mantém todo o rio unido. O leito de pedra não flui de jeito algum, ainda assim sem ele o rio não existiria.

Do mesmo modo, para encontrar Deus, você deve mergulhar até o leito de pedra do seu íntimo. Lá, na origem, descobrirá algo surpreendente. Quando encontrar sua própria alma, Deus aparecerá num mundo exterior. Seus cinco sentidos estarão atentos à presença que existe por trás de todas as coisas, que é viva, inteligente e plena de amor.

Mas o que eu faço?

P: Posso imaginar sua imagem do rio, mas em termos práticos o que devo fazer?

R: Se pensar sobre isso, há apenas quatro coisas que pode fazer:

Você pode pensar.
Você pode sentir.
Você pode agir.
Você pode ser.

Essas quatro coisas não são especiais nem exóticas, você as faz em todos os momentos do dia. Se eu tivesse uma câmera de vídeo montada em seu ombro para segui-lo desde o momento em que você acorda até o momento em que vai para a cama, ela também descobriria você pensando, sentindo ou agindo. Não é possível fugir dos aspectos básicos de quando se está vivo. (Estamos considerando que a câmera de vídeo é especial e pode olhar seu interior para observá-lo pensando.) Encontrar Deus aciona essas quatro coisas. As armas de que precisa, portanto, sempre foram parte de sua vida.

Direcionando seus pensamentos a Deus

Há muitas formas de fazer isso. Você pode ler sobre Deus em escrituras e outros escritos devotados a ele. Pode dedicar alguns momentos à contemplação de Deus. Pode orar. Todos os caminhos que as pessoas têm usado para desviar seus pensamentos do mundo externo, direcionando-os para o mundo de Deus, são válidos. Ambos são o mesmo mundo, mas você está concentrando sua atenção nos melhores aspectos da criação. Se você jogar beisebol depois da escola, seus pensamentos estarão no jogo, mas você poderia olhar para cima enquanto estiver no campo e perceber como o céu à noite é bonito. É um bonito aspecto da criação. Os belos aspectos estão em toda parte esperando serem percebidos. E embora possa parecer estranho, quando os percebe, eles também o percebem. É uma inteligência que nos retorna o olhar quando olhamos em sua direção. Quando começar a sentir o observador silencioso, sua mente estará começando a perceber Deus.

Direcionando seus sentimentos a Deus

Basta ter bons pensamentos e terá também bons sentimentos. Por exemplo, quando você quer ficar ao telefone com seus amigos, mas sua mãe quer que faça seu dever de casa, como se sente? Irritado, impaciente, submisso. Talvez um pouco frustrado ou estressado. Esses sentimentos são típicos de quando não fazemos o que queremos. Mas em outros momentos você deveria parar e perceber que há muito amor no olhar de sua mãe ou como ela parece pacífica. Esses são bons sentimentos. Tudo que eles requisitam é sua atenção. Você pode passar por um jardim sem percebê-lo, ou pode parar e realmente olhar. Quando realmente olha, seus sentimentos se elevam. *Ah, ele é belo*. O mesmo sentimento acontece frequentemente ao olharmos fotografias de pessoas de outras partes do mundo. Alguém sem significado algum para você, a não ser como um estrangeiro ou um forasteiro (talvez, infelizmente, até um inimigo), pode vir a parecer com você. Um olhar fixo pode capturar sua atenção e repentinamente você tem um sentimento melhor. Se ficar percebendo os sentimentos melhores, descobrirá um leito de emoção em seu interior que não se preocupa com as diferenças. Você começa a vivenciar o amor por tudo na vida, uma reverência à criação e um sentimento especial por fazer parte dela. Dessa forma suas emoções estarão direcionadas a Deus.

Direcionando suas ações para Deus

Todos sabem que há boas e más ações, ações egoístas e altruístas. Por um longo, longo tempo as pessoas sentiam que as boas ações estavam mais próximas de Deus. Assim como as ações generosas e altruísticas. Falam para as crianças que é melhor dar do que receber. Dizem para fazerem trabalhos voluntários e para ajudar os mais necessitados. Entretanto, para mim, agir é mais do que isso. Para realmente direcionar sua ação para Deus é preciso completar um círculo. Eis aqui o que quero dizer.

Se alguém o surpreender com um presentinho inesperado, você pode murmurar um agradecimento pequeno e embaraçado, e sair. Ou pode retribuir o presente com um sincero agradecimento do seu coração, olhando nos olhos da pessoa e deixando transparecer que você realmente ficou sensibilizado. A primeira reação interrompe o círculo, a segunda completa o círculo. Esse foi um exemplo. Você pode vir a ganhar algum dinheiro extra. O que você faz com ele? Pode guardá-lo, com a intenção de gastá-lo todo consigo mesmo ou pode dar um pouco para quem tem menos. A primeira ação quebra o círculo, a segunda o completa. Esse segundo exemplo pode não parecer muito claro. Que tipo de círculo você estará completando dando dinheiro a alguém menos afortunado?

Aqui a segunda ação está retornando alguma coisa à origem. Todas as vezes que damos, dizemos: "Sei que esse dinheiro veio de Deus, e como agradecimento devolvo uma parte dele à origem." Não precisa ser dinheiro — você pode retribuir um bonito gesto, um favor, um elogio. Qualquer coisa, na verdade. Tudo que aparece em seu caminho precisa ter uma origem. Não estou dizendo que você deve chamar essa origem de Deus. Você poderia estar dizendo: "Tudo vem do universo e retorna para ele. Quero mostrar que entendi isso." Não importa as palavras que usar, estará explicando que há uma origem que dá, e quando você retorna, fecha o círculo da criação. Sendo gentil com uma criança, você completa o círculo porque está demonstrando reverência ao tempo em que era criança. Ser gentil com pessoas mais velhas demonstra reverência à velhice que um dia irá saudá-la. Quando as ações fecham o círculo significa que a pessoa as direcionou para Deus.

Direcionando seu ser para Deus

Ser é simples, porém profundo. É simples porque todos existem. Não é necessário fazer nada para ser. Não é necessário sentir nada para ser. Ser é o bastante. A existência, porém, é também profunda. O que a faz profunda? Seu ser é conectado à existência. Diferente de uma pedra que está sempre estática, você pode dizer: "Eu sou." Não há frase mais simples em qualquer idioma, e ainda assim *sou* significa muito. Denota o sentido de propriedade. O sentido de alerta e observação. *Eu sou* é a conexão da pessoa com a vida em si.

Algumas dessas coisas podem parecer estranhas à forma como você está vivendo agora, mas imagine que poucas soem familiares. Alguns adolescentes já estão bem alertas. Eles olham ao redor com avidez; correm em direção ao desconhecido, desejando encontrar tudo que precisa ser encontrado. Outros adolescentes (como as pessoas em geral) são sonolentos, entorpecidos, sem curiosidade. Raramente observam algo de novo. Isso não é uma crítica; apenas quero lhe oferecer uma escolha bem clara em como participar. Você pode ser o mais alerta e vivo quanto possível ou pode caminhar dormindo pela vida afora. Não estou dizendo que sua escolha é a de adorar Deus ou não. Apenas reflita sobre aquele comentário de Einstein, que há apenas duas formas de viver: Considerando como se tudo fosse um milagre ou como se nada fosse um milagre. Quando se vive como se tudo fosse um milagre, a pessoa direcionou seu ser a Deus.

Onde está Deus?

P: **Onde Deus vive? Quero dizer, se ele vive no paraíso, onde fica localizado, em algum lugar do céu?**

R: Deus não pode ter uma casa normal com um endereço, mesmo que seja no céu, pois ele está em toda parte. Se toda parte é seu endereço, muda muito a forma como pensamos sobre ele. Imagine que você tenha entrado numa briga. Como se estivesse prestes a dizer o maior palavrão ou a dar um soco, e sua mente dissesse: "Deus está em toda parte. Está até nesse moleque com quem estou quase brigando." Seria estranho, não é? E se estivesse assistindo à TV e o noticiário mostrasse um condenado sendo levado para a prisão? Lá está ele em seu uniforme laranja, de cabeça baixa e com os pulsos algemados para trás. Repentinamente sua mente diz: "Deus está em toda parte. Ele está nesse desprezível criminoso." Isso também seria estranho.

Porque no minuto em que você realmente leva a sério que Deus está em toda parte, algo acontece. Você pode fingir que ele está em qualquer outro lugar. Em outras palavras, você não pode dizer: "Detesto esse cara no qual estou quase batendo, logo Deus não está nele." Você não pode dizer: "Aquele criminoso roubou alguém, portanto Deus não está nele." Nenhum de nós tem a habilidade de dizer onde Deus está ou deixa de estar. A verdade é que, como Deus é cósmico, *tem* de estar em toda parte. Ele não tem escolha, assim como nós também não temos.

Dá o que pensar, não dá? Se cada pessoa desse uma pausa de pelo menos cinco minutos ao dia para pensar esse único pensamento – *Deus está em toda parte* –, a vida não seria a mesma de novo. Se quiser ir mais fundo, eis a próxima questão que surge:

Onde é toda parte?

Procurando Deus em toda parte

Em primeiro lugar, há o *toda parte* que não se pode ver. Ele é invisível e totalmente além dos cinco sentidos. Isso acontece porque ele não é parte da criação física. O telescópio mais potente direcionado para o ponto mais distante do universo jamais seria capaz de localizar esse lugar. Ele não tem uma existência física, nem mesmo uma leve vibração. E não usa absolutamente nenhuma energia. Entretanto, ele foi chamado de ser puro porque existe sem usar matéria ou energia. O termo *potencial puro* pode também ser utilizado para esse aspecto de Deus. É a habilidade de criar antes de algo realmente ser criado. Pode parecer estranho, mas reflita sobre você mesmo. Você tem a capacidade de criar frases mesmo se não estiver dizendo nada. Deus tem esse mesmo potencial – silencioso e invisível – em uma escala infinita.

Essa é a primeira forma de pensar sobre onde Deus está.

Em segundo lugar, há o *toda parte* que é *quase* no mundo físico, apenas reservado de ser visto. Este lugar, que faz lembrar um pouco um fantasma, foi chamado de mundo sutil. É o mundo das imagens, pensamentos e inspirações. Mas nesse mesmo local estão os mitos, os sonhos e os desejos. As sementes do futuro são plantadas aqui.

Quando dizemos que alguém tem uma visão de possibilidades, o mundo sutil é a fonte dessa visão. Por muitos séculos o mundo sutil foi considerado a moradia de Deus e dos anjos (assim como do diabo e seus demônios). Para mim essa é a zona dos milagres, um lugar onde as fronteiras físicas desaparecem e as regras da existência podem ser subvertidas. Quando ouvimos sobre Deus sentado em seu trono no paraíso, essa imagem é proveniente do mundo sutil.

Essa é a segunda forma de pensar onde Deus está.

Terceira, há o *toda parte* com o qual já estamos familiarizados, a infinitude do universo. Aqui os cinco sentidos nos apresentam todas as informações e, mesmo não podendo ver Deus, o que podemos observar é a incrível ordem e beleza da criação. Uma organização que determina a existência de um criador. Entretanto, é tão correto dizer que Deus existe aqui quanto afirmar que ele existe no paraíso ou no reino dos céus.

Essa é a terceira forma de pensar onde Deus está.

Toda parte possui três localizações, assim como Deus. É lógico que o ainda mais fascinante seria a possibilidade de que poderíamos também estar vivendo em todos esses três lugares. Acredito que estejamos. Não precisamos esperar ir para o paraíso para concluir que já estamos vivendo com Deus exatamente no lugar em que esse está. Melhor ainda, nos exatos três lugares.

Como você sabe?

P: Como conferir pessoalmente que Deus é real?

R: Como médico, tenho uma base científica. Aprendi algo que se mantém verdadeiro em qualquer campo da ciência: a natureza é mais poderosa no nível do invisível. A medicina demorou mais de dois mil anos para descobrir que os organismos invisíveis, denominados germes, poderiam causar doenças – antes disso, era possível acreditar que tais doenças eram trazidas pelo vento (a palavra *malária* originou-se do italiano *mal ar*, como se essa doença fosse na verdade causada por determinado tipo de ar).

O mundo invisível de Deus

Simplificando: não podemos ver um átomo através de um microscópio, e ainda assim há um imenso poder em apenas um único átomo. Aprendi também que a natureza é organizada desde o nível invisível. Não podemos enxergar o que mantém nosso organismo sob controle, entretanto, se não fosse por uma força invisível, nossas células flutuariam separadas pelo espaço como uma nuvem de energia.

Vim da Índia, onde essa região invisível foi ponderada por milhões de anos, uma coisa surpreendente se considerarmos que não existiam microscópios lá. No entanto, os sábios anciões e mestres queriam saber o que havia além do mundo visível. O que ou quem era que controlava todo esse poder e organização? Os anciões eram como detetives dentro do invisível. Como ser um detetive quando não se pode nem ao menos ver as pistas? Indo para dentro de seu próprio ser. Afinal de contas, não é possível ver um sentimento ou um pensamento, mas sabe-se que eles são reais.

Os anciões iam ainda além do pensamento. Concluíram que quando a pessoa pode ver Deus é porque ainda não o encontrou. Se ela pode pensar sobre Deus, é porque ainda não o encontrou. Se a pessoa pode imaginar Deus, ainda não o encontrou. (Percebe como deve ter sido surpreendente essa jornada? Porque a maioria das pessoas se satisfaz em pensar em Deus e em imaginar como ele deve ser.)

Afinal o que encontraram foi a região invisível dentro de si mesmos. E lá estava Deus. Não uma pessoa, um sentimento ou um pensamento; mas poder, criatividade e realidade em sua essência. É difícil compreender sem que se ingresse pessoalmente nessa jornada – é isso que espero que você faça. Esse livro fala o tempo todo sobre isso, olhar através da superfície da vida para encontrar o poder infinito e a inteligência que está do outro lado. Não é necessário fazer toda a jornada para encontrar Deus. Os anciões, que dedicaram gerações às suas caçadas de detetives, não descobriram tudo sobre Deus por conta própria. Mas descobriram de que Deus era feito, e você pode fazer o mesmo. Compreendendo o que a ciência já sabe e fazendo uma jornada espiritual pelo seu interior, você pode provar pessoalmente que Deus existe. A versão de Deus encontrada será toda sua. Ninguém mais precisa concordar com ela. Você será o detetive e seguirá suas próprias pistas.

Precisando de Deus

P: Tenho um amigo que ficou muito doente. Orei por ele diariamente, mas ele não melhorou. Isso me fez pensar: Quem precisa de Deus, se ele não responde às nossas preces?

R: Deixe-me agradecer pela honestidade de sua pergunta. No fundo, todos ficam desapontados quando suas preces não são atendidas. Ouvimos que Deus trabalha de formas misteriosas, mas quando nos decepcionamos é fácil começar a perder a fé.

Mas não creio na existência real de um Deus apenas por me trazer as coisas que quero. Afinal de contas, não esperamos que Deus seja uma máquina que garante um desejo cada vez que inserimos uma ficha de oração. Deus existe para satisfazer necessidades que ninguém mais pode satisfazer de outra forma. A seguir eis apenas algumas.

Para inspiração

O que o deixa inspirado? Quero dizer, real e profundamente inspirado? Um quadro é tão poderoso que a pessoa poderia chorar ou rir de alegria apenas ao olhar para ele? Talvez a música funcione assim para você, ou uma pessoa que tocou seu coração. A vida seria insuportavelmente chata e sem graça se, cada um a seu modo, não procurasse inspiração. Em todo o mundo, os mais belos objetos foram criados pelo homem para enaltecer Deus. Se viajarmos para a Europa e nos colocarmos diante de uma catedral francesa, veremos um monumento a Deus que foi construído por centenas de pessoas. É comum três gerações terem devotado sua vida inteira a uma construção.

Muitas vezes aconteceu algum desastre durante a construção de uma catedral. Tetos caíram, matando todos sob ele. Um incêndio aconteceu e destruiu décadas de trabalho. Uma praga varreu metade dos trabalhadores em um verão. Mas nada poderia impedir uma cidade inteira de erigir um santuário de fé. O objetivo não era obter dinheiro ou sucesso, mas construir uma casa merecedora da majestade de Deus. E a proposta era a mesma nos anos remotos, quando a Grande Pirâmide de Giza foi construída no Egito, a maior estrutura construída, por mais de três mil anos, pelas mãos do homem. Em ambos os casos uma sociedade inteira foi inspirada por uma ideia. Seja a ideia chamada de eternidade, infinito ou onipotência, ela era parte de como as pessoas viam Deus.

Atualmente, você não é convocado a construir uma catedral, provavelmente, nem mesmo uma igreja, mas Deus inspira mais do que arte. Ele inspira as pessoas a serem boas, a se superarem, a olhar os outros seres humanos como iguais. A pessoa pode inspirar-se pelo seu próprio espírito. Basta perguntar: "Tenho inspiração para fazer o quê?" Perceberá um sentimento perto do coração. Um sentimento que o levará a fazer algo muito mais bonito do que jamais imaginou conquistar: compor uma música, pintar um quadro que expresse quem você é, escrever um poema ou fazer uma boa ação. Mas a pessoa pode ser também inspirada a organizar um time na escola ou a inventar uma nova sobremesa. No fim das contas, toda inspiração vem de Deus. Deus e o espírito são a mesma coisa e ambos querem uma única coisa: a expansão do seu coração para que você possa sentir o prazer da vida.

Para trazer paz interior

Nunca houve tanta necessidade de paz interior. Duvido que eu estivesse falando sobre paz interior a um jovem da geração passada. No entanto, as coisas mudaram, trazendo mais estresse às crianças, desde cedo. Logo, mesmo nos primeiros anos escolares as crianças se preocupam com o mundo e com o seu futuro nele.

O que fazer quando se está realmente preocupado? É possível escapar, mas sem paz as preocupações e o estresse voltam muito rápidos. É como correr da chuva entrando em um cinema, apenas para descobrir que a chuva não parou quando o filme acaba. O mesmo vale para as tempestades interiores. A única solução é encontrar dentro de nós um lugar que seja sempre pacífico.

Essa é a paz da alma. Se já ouviu falar sobre meditação, sabe que é uma forma de encontrar a paz interior. Iniciei muitos adolescentes na meditação, e eles normalmente dizem que no começo não é fácil: "Uau, nunca havia percebido o quão barulhenta é a minha cabeça." "Me sinto tão aéreo que é difícil manter os olhos abertos." Eu podia sentir todos esses pensamentos zumbindo em volta da minha cabeça." Esses são os comentários típicos inicialmente. Mas, sem exceção, cada um, mais cedo ou mais tarde, encontra o lugar de paz que existe em seu interior. Uma vez que encontram, realmente gostam. Os comentários mudam: "Atingi o silêncio." "Senti algo muito especial que nunca havia sentido antes – eu estava totalmente relaxado." "Fechei os olhos e vinte minutos se passaram tão rápido que achei que haviam sido cinco minutos."

Esse lugar calmo é protegido por pensamentos e sentimentos que circulam através da mente. Na meditação a pessoa não paralisa esses pensamentos e sentimentos, mas pede para ser levada para um lugar mais profundo em si mesma. Apenas em algum lugar de paz é possível, de fato, fazer a comunhão com Deus e com a alma. Mas mesmo chegando um pouco mais perto da alma sente-se a dimensão da paz e sabe-se que é real porque ela permanece.

Para ouvir sua alma

Quando menino, lembro-me de ser realmente invejoso dos profetas do Velho Testamento os quais receberam a palavra direto de Deus. Sonhava em ouvir a voz de Deus da lenha queimando, como Moisés. No meu olhar imaginário eu caminhava com Athena, a deusa grega da sabedoria, na batalha de Troia, da mesma forma que Achiles fez. Então, cresci e descobri que embora pareça maravilhoso receber instruções de Deus, isso não acontece muito frequentemente. Não estou mais seguro do que as pessoas querem dizer por "a voz de Deus". Talvez seja nada mais que suas consciências falando. Uma voz difusa que elas gostariam de poder ouvir, e assim o fazem.

Mas tenho certeza de que o espírito se comunica conosco. Não chamaria isso de comunicação com Deus. Prefiro o termo *se conectando com a alma*. A voz ouvida é a da própria pessoa, mas vem de um lugar mais profundo do que vêm as outras vozes. Muitas das vozes ouvidas em nossa mente são ecos de coisas que nossos pais nos disseram ou velhos pensamentos do passado que ficam voltando: "É melhor não fazer aquilo de novo." "Lembre-se do que aconteceu da última vez." "Ai, ai, é assim que vem a tentação."

A voz da alma não é uma coisa antiga. É sempre *atual*. Ela dá um impulso inovador para fazer algo: "Oh, nunca pensei nisso." "Entende o que vejo?" "Realmente quero conferir." São pensamentos que parecem religiosos ou tradicionais. A alma não precisa ser como Deus falando de um arbusto em fogo. Na maioria das vezes não é assim. Pelo menos não quando me conecto. Minha alma tem mais interesse em me dar um estímulo novo a cada dia, para renovar minha vida. Evitando que fique estagnada.

Em vez de ecoar o passado, sua alma quer que você se sinta vivo nesse exato momento, pronto para experimentar ou sentir algo novo.

Por que não concorrer à presidência? Ou se candidatar a chefe de torcida? Ou fazer parte de um grupo de debate?

Ouça aquela música que você adora! Que tal escrever a sua própria?

Veja que maravilhoso pôr do sol! Por que não tirar uma foto realmente boa dele e revelar você mesmo?

Todo mundo já teve a experiência de se sentir entediado com as mesmas coisas de sempre. A pessoa acorda de manhã e toma o café sempre igual, vê a família sempre igual, escova os dentes da mesma forma. Mesmo assim há, ou deveria haver, algo que faz com que cada dia seja novo se a pessoa estiver conectada, pois, na verdade, todo dia *é* diferente. Dois dias nunca são completamente iguais e o que os faz diferentes é que a cada dia a pessoa ganha novas oportunidades.

Se a pessoa pode ver cada dia como novo, está conectada com a sua alma. Há quem chame isso de ter uma linha de telefone direta com Deus, porque Deus é a fonte das coisas novas que a vida nos traz. Em minha opinião, se você pode ver algo novo no rosto de uma pessoa a quem ama, ou ver o pôr do sol de um novo jeito, ou comemorar o dia como se um mundo inteiro tivesse nascido, está escutando sua alma. "Ouvindo a voz de Deus" é outra maneira de dizer isso.

Para construir grandes valores

Já deve ter ouvido falar da Madre Teresa, a famosa freira católica que viajou da Europa para a Índia para que pudesse cuidar de crianças doentes e subnutridas de que ninguém mais queria cuidar. Madre Teresa recebeu o Prêmio Nobel da Paz, mas há uma coisa que a maioria das pessoas não sabe sobre essa figura mundialmente conhecida. Um professor de psicologia certa vez apresentou um filme dela beijando e cuidando de bebês, e todos na audiência que assistiram ao filme sofreram uma mudança física. Seu sistema imunológico, o sistema que luta contra as doenças, ficou imediatamente mais forte – em poucos minutos uma reação química, chamada IgA aumentou em seus corpos. Não que você precise saber o que é IgA.

O importante é saber que apenas ao olhar o amor em ação fortalecemos nosso corpo, deixando-o menos vulnerável a doenças.

Achei isso surpreendente, principalmente porque as pessoas na plateia nem mesmo precisavam gostar de Madre Teresa. Seus corpos respondiam independentemente da opinião a respeito dela. O tipo de amor que ela demonstrava foi dirigido a Deus por séculos. Deus nos dá o poder de desempenhar nossos maiores valores. O amor é um deles, assim como a honra, a verdade e a fé na bondade.

Uma alma é como um navio carregado de uma carga preciosa. Mas essa carga é invisível porque é feita dos valores de cada um, do objetivo de vida de cada um. Aqui estamos nós falando sobre valores realmente pessoais. Se sabemos que a bondade é mais poderosa que a maldade, é porque encontramos um dos valores da alma. Saber que jamais morreremos é outro valor da alma. Uma das razões mais importantes para alguém viver é explorar sua própria alma e descobrir sozinho essas coisas. É preferível sentir do fundo do coração que a eternidade é real do que ouvir isso de um sábio.

Deus está na origem dos valores da alma. Li uma vez essa bela frase: "Para ser um homem de verdade, é preciso ser mais do que humano." Não se consegue isso fazendo o que todos fazem e vendo o que todos querem que você veja. Olhe para seu irmãozinho bebendo ruidosamente o leite da sua tigela de cereal. Você é capaz de perceber que ele é absolutamente único no universo?

O que a alma é capaz de ver

Olhe para seu professor copiando coisas no quadro-negro. Você é capaz de ver que uma alma está trabalhando seus desejos e esperanças mais profundos?

Observe seu treinador gritando para que você corra mais rápido. Pode ver que ele o está levando através da misteriosa viagem pela eternidade?

Sei que isso parece místico, e é. Você vê coisas diferentes quando olha através dos olhos da alma. A aventura completa de ter uma alma é ir além da superfície. As pessoas querem ser boas porque pensam que isso as aproxima de Deus. Sinto-me mais perto de Deus quando digo a mim mesmo: "Abra seus olhos! Lá fora há um mundo que você nunca imaginou."

Se Deus faz com que você viva de forma criativa, então ele está fazendo o trabalho dele. A visão espiritual da vida deve ser uma das seguintes:

- Sentir a presença de Deus pessoalmente.
- Se unificar com Deus.
- Sentir o que é o amor eterno.
- Viver plenamente o momento.
- Ver mais beleza no mundo a cada dia.
- Descobrir uma nova verdade a cada dia.
- Conhecer a si mesmo.
- Tocar o limite da eternidade.
- Ser um filho do universo.

Não é uma lista aleatória. São frases que os jovens me dizem. Conheço pelo menos um adolescente que vive de acordo com cada uma dessas visões. E, em todos os casos, eu diria que é alguém que encontrou o segredo da felicidade. Não apenas por um dia ou um mês, ou a felicidade que permanece apenas enquanto tudo está indo bem, mas a felicidade profunda que satisfaz a alma.

"Dai-me fé"

P: Como ter fé? Tenho amigos recém-convertidos que me dizem o tempo todo que a vida deles é "baseada na fé". O que eles querem dizer?

R: Certamente a fé é espiritual. Acho que você tem medo de não ter fé suficiente porque seus amigos parecem ter mais. Não se desencoraje. Ter fé não é ir sempre à missa. Você não precisa de Deus para começar a ter fé. Você tem fé que o sol nascerá amanhã? Essa força da natureza ainda funciona? Que seu corpo estará saudável e forte? Há assuntos de fé que não têm relação alguma com o espírito. São mais como confiança. Você confia que sua casa estará lá quando chegar da escola, mas ninguém diz que isso o torna uma pessoa de fé.

A fé está além das coisas visíveis. Quando a pessoa acredita em algo que não pode ver, está se aproximando da fé. O microscópio eletrônico mais poderoso não pode ver elétrons ou quarks, mas a mente sabe que eles existem. Mantenha a mente aberta. Olhe para aqueles momentos nos quais você acreditou em Deus, em uma graça ou no bom funcionamento das coisas. É como a fé começa a crescer.

Mas não quero que você mergulhe em uma fé cega. A fé cega é pura teimosia. Algumas pessoas resumem toda a questão da fé em cerca de dez minutos, dizendo: "Sei que a fé existe porque é o que diz minha religião. Questão encerrada." Eu consideraria isso como um exemplo perfeito de fé cega. Mas há uma fé que abre os olhos da pessoa, e é o tipo de fé no qual Deus tem mais valor. Se a pessoa parasse e prestasse bastante atenção, acredito que seria provado que todos os itens a seguir estão corretos:

Deus é mais poderoso do que o mal.

Todos os seres humanos são espirituais.

A inteligência organizou o universo.

A maior força da natureza é o crescimento.

Há infinitas possibilidades sempre presentes.

A eternidade pode ser encontrada bem agora.

Deus é amor.

Nessas circunstâncias, são grandes declarações. Sem exagero, poderia demorar uma vida inteira para provar que são verdadeiras. Pense sobre elas como itens de fé. A pessoa pode acreditar nelas e viver de acordo com elas durante toda a sua vida. Então, tente isso: escolha um item da lista, por exemplo: "Deus é mais poderoso do que o mal." Fique atento e perceba todas as coisas boas da vida, como as famílias e o amor que demonstram, caridade, trabalho voluntário, altruísmo, heroísmo, amizade e assim por diante. Lembre-se sempre de como tudo isso permanece por séculos, mesmo quando as guerras começam e terminam, ditadores vêm e vão, as doenças abundam. Na média a vida está vencendo e está vencendo através da bondade.

Fé negativa

Algumas pessoas fazem com que sua fé seja negativa. Elas têm fé na Lei de Murphy, por exemplo, que diz que se algo pode dar errado, dará. Têm fé que a vida é injusta. Têm fé que o comportamento humano é sempre egoísta. A fé negativa põe uma nuvem negra sobre seus dias. Todavia a fé negativa não é automaticamente verdadeira. Não é possível provar que as coisas sempre são erradas, que a vida é injusta ou que as pessoas sempre agem de forma egoísta. Há muitas evidências do contrário. Então, por que há fé em algo que é negativo e não se pode provar ao mesmo tempo? Na realidade, a fé positiva resistiu por milhões de anos e, se você se lembrar disso, acho que seu problema com a fé acabará rápido.

Como os milagres são escolhidos?

P: Se Deus provê milagres, como ele escolhe quem vai receber um?

R: Imagino que você gostaria de ter um milagre pessoal. Todos gostariam. Eu estava assistindo à TV há alguns anos quando vi algo surpreendente. Um homem muito doente viajara da Irlanda para a França, desejando banhar-se nas águas sagradas em Lurdes, famosas por suas muitas curas. Entretanto, o homem chegou atrasado e não pôde passar pelos portões, então nunca se aproximou das águas que supostamente o curariam. Tudo que pôde fazer foi ficar do lado de fora e ouvir os alto-falantes anunciando os serviços da noite.

Ele voltou para seu hotel e deitou, sentindo-se cansado. Sua doença, que era esclerose múltipla (ou MS), fazia com que ele se sentisse cansado grande parte do tempo, e estava piorando ano a ano. Era fatal, pois MS é incurável.

De repente, deitado lá, o homem sentiu algo diferente. Seu corpo ficou quente, e com sua visão interior pôde ver luz em seu interior. Tanto o calor quanto a luz aumentaram muito de intensidade até que ele perdeu a consciência. Ele acordou logo depois e soube que havia ficado curado da doença. Testes médicos provaram que estava curado, e ele entrou no ranking do pequeno número de pessoas que tinham sido curadas em Lurdes. É um número ínfimo comparado aos milhões de peregrinos que pedem cura.

Quem é escolhido e por quê?

Ninguém sabe, mas acho que os milagres fazem parte de um quadro maior. Quer você pense em Deus como um poder superior, um pai divino, um protetor ou outro conceito qualquer, o mundo testemunhou muitos milagres para duvidar de que ocorram. Quando acontecem, todos se beneficiam porque cada milagre é uma lembrança de que há alguma coisa além do nosso mundo. Que algo é divino e sagrado. Algumas vezes o milagre atinge nosso mundo físico e nos dá um exemplo do que há além do nosso conhecimento. Um milagre acorda a pessoa para uma realidade maior — caminha sobre as águas, cura o doente através de um toque, espalha amor com apenas um olhar. Tenho isso em mente e, mesmo ficando desapontado por não conseguir meu próprio milagre, digo para mim mesmo: "Todos os milagres já me aconteceram. Sou rico em milagres, não importa o que aconteça."

As pistas do universo

P: O que Deus faz? Quero dizer, depois de ter criado o universo, basicamente não fez tudo que devia fazer?

R: A criação não é apenas uma etapa, como tirar um bolo do forno. Bem nesse segundo o universo está sendo criado, pois novas estrelas estão nascendo. Outra parte do universo está em repouso e mudando apenas gradualmente, como as estrelas que foram criadas há bilhões de anos. E uma terceira parte do universo está desaparecendo, abrindo espaço à destruição, como estrelas que explodem como novas ou somem nos buracos negros.

Deus é a inteligência e o poder por trás das três partes. Ele sustenta a criação. Não são todos que gostam dessa ideia. Na era da ciência o universo não é sustentado pelo seu criador. É sustentado por forças físicas como a gravidade. Acreditar que Deus está lá em cima esperando, como um coreógrafo fazendo um show, mas jamais entrando em cena, é considerado uma crença religiosa e não científica.

Acredito, entretanto, que há uma ciência mais profunda que ainda considera Deus. De certa forma, todo o universo se parece com bilhões de galáxias sem controle através do espaço. O Big Bang amaldiçoou a existência do universo com uma tempestade de fogo de incrível energia, sem padrões determinados. Isso é tudo? Se for, logo uma questão muito importante não pode ser respondida: Por que sempre existiu vida?

Vá e solte um rojão no 4 de julho. Você não ficaria surpreso que algo fosse trazido à vida com isso? Explosões transformam coisas grandes em pequenas. Mas o Big Bang não fez isso. Ele explodiu com uma força bilhões de vezes mais poderosa do que quaisquer fogos de artifício e bombas de todo o planeta, apesar do seu delicado filamento, chamado DNA, ter nascido daí, assim como estrelas e galáxias. Em minha opinião, a noção de que o DNA poderia apenas aparecer aleatoriamente não é acreditável. Cada porção de DNA humano é feito de três bilhões de pequenas partículas químicas organizadas em perfeita ordem. Mude alguns milhares de lugar e terá uma pessoa completamente diferente. Tire um por cento do lugar e terá um gorila da montanha em vez de um ser humano.

Dizer que o DNA é um acidente é como dizer que um dicionário poderia ser escrito lançando-se um jogo de palavras cruzadas ao ar e deixando que as letras caíssem aleatoriamente.

Uma explicação melhor é que há um trabalho de inteligência. Uma inteligência que sustenta o universo criando imagens. Seu corpo é uma imagem dessa inteligência. Da mesma forma que todos que você conhece, cada imagem sendo ligeiramente diferente de todas as outras. A teoria de que Deus sustenta o universo é como a teoria de quem se olha em um espelho. A pessoa quer se ver como é. Nesse caso há uma exceção, como a inteligência é infinita, a pessoa precisa de infinitas imagens para ser vista. É isso que o universo é e sempre foi: o espelho do infinito.

Por que Deus não intervém?

P: Por que Deus permite que aconteçam coisas ruins? Ele não poderia simplesmente intervir e consertá-las?

R: Deus poderia intervir apenas se o mundo fosse de outro jeito. Nesse outro tipo de mundo, não haveria livre-arbítrio. Nesse mundo todos temos liberdade para escolher. Muitas vezes as coisas ruins acontecem devido às escolhas erradas. Se a pessoa for fazer escalada sem equipamento de segurança, é por escolha própria. Mas talvez ela caia e, se cair, Deus não está lá para pegá-la no meio da queda.

Liberdade de escolha não é uma regra estabelecida apenas para humanos. Se olharmos em volta, veremos que os animais e as plantas também têm liberdade. Uma semente de bordo é transportada pelo vento e nem sempre cai no lugar certo. Algumas vezes ela cai em solo árido onde nada pode germinar. Algumas vezes cai em solo fértil onde crescerá perfeitamente. Em um mundo diferente, todas as sementes deveriam encontrar o modo perfeito para crescer. Mas em nosso mundo a natureza explode em milhões de direções, e algumas criaturas perecem enquanto outras sobrevivem.

Isso é justo?

Será que Deus não poderia ter organizado a criação de forma que não houvesse dor ou sofrimento algum? Claro. Entre as estrelas, galáxias imensas nascem e morrem sem o menor sofrimento. Em nosso planeta natal, a dor não é parte da chuva ou do sol. A dor é mais pessoal do que isso. Para mim e você, e para todos que conhecemos, as boas e más coisas fazem parte do pacote. Luz e escuridão, bom e ruim, estão constantemente em jogo. O objetivo de Deus era organizar um palco para nós e então permitir que criássemos tudo que quiséssemos. Caso eu e você algum dia chegarmos a ver outro mundo — talvez o mundo dos anjos — encontraremos a prova de que apenas o bom existe. Por ora, esse mundo de luz e escuridão é o presente que recebemos do criador.

Onde foi que eu pequei?

P: Vim de uma religião rigorosa na qual as pessoas más são punidas pelos seus pecados. Mas como a pessoa sabe que pecou? Tive acontecimentos ruins na minha vida e não me lembro de ter feito nada errado.

R: Acho que você assinalou uma grande fraqueza em toda a teoria do pecado. Não parece ser muito bom um sistema no qual as pessoas são punidas por coisas que não se lembram de terem feito. Não me lembro de ter pisado em um formigueiro recentemente, mas para algumas crenças é um pecado matar até o menor ser vivo. Não me lembro de ter dito acidentalmente muitas coisas que talvez tenham ferido os sentimentos de alguém. Esse é um pecado pequeno ou médio?

Seria ainda pior se as pessoas erradas fossem punidas. Quando um avião cai e todos morrem, é difícil acreditar que Deus olhou para baixo e decidiu que todos os cem passageiros eram pecadores e mereciam morrer.

O pecado é um quebra-cabeça

Não tenho certeza de haver um jeito diferente para resolver esse problema. Homens sábios tentaram resolvê-lo por milhões de anos. A melhor resposta, pelo menos para mim, é parar de pensar de uma vez por todas que Deus nos pune. A pessoa já sabe quando está fazendo algo errado. Nossa consciência nos diz. Parte do amadurecimento é dar ouvidos a sua consciência. Se você se sente culpado em relação a alguma coisa, vá e corrija. Faça o que for preciso até que a culpa tenha acabado. Assim não precisará esperar a punição de Deus. Quando a pessoa equilibra sua vida há de longe mais coisas boas do que ruins, logo o pecado tem menos importância. O que realmente importa é o crescimento da alma no dia a dia. Concentre sua atenção nisso e deixe os opressivos pensadores religiosos lamentarem sobre a teoria do pecado sem você. Eles farão isso de qualquer forma.

O pecado original

P: Que tal o Jardim do Éden? Disseram-me que Adão e Eva pecaram e, por isso, agora sofremos tanto.

R: A história do Jardim do Éden abre uma questão: Todos são pecadores porque alguma vez, em um passado distante, nossos ancestrais foram pecadores? As pessoas responderam a essa pergunta tanto positiva quanto negativamente. Não há uma resposta certa. Talvez isso o surpreenda, mas bilhões de pessoas nunca ouviram a história de Adão e Eva. Não faz parte da tradição espiritual delas e, portanto, jamais compreenderam por que o Jardim do Éden é tão importante. Não se sentem como as crianças do pecado original. O pecado original é o nome dado para a desobediência que Adão e Eva demonstraram perante Deus. Por terem desobedecido, foram levados ao Jardim do Éden e daí em diante os seres humanos pecaram e sofreram.

Uma coisa é certa. Todos erram, e coisas ruins acontecem mais do que todos gostariam que acontecessem. Quer você acredite ou não no Jardim do Éden, reduzir o sofrimento na vida é importante. Na verdade, ser espiritualista é isto: É possível encontrar um jeito de deixar o sofrimento para trás.

Deus está vendo

P: Deus vê tudo que eu faço? Isso faz com que eu sinta que poderia ser punido apenas por meus pensamentos ou que jamais seria bom o bastante para satisfazê-lo.

R: Para a maioria das pessoas é difícil pensar em Deus de outra forma que não seja em um ser humano sentado em seu trono nas nuvens. Essa espécie de Deus é conhecida por olhar para baixo e observar toda a sua criação. Ele sabe quem foi bom ou mau, e todos são devidamente julgados. Mas e se Deus estiver em toda parte? Nesse caso não poderia ficar sentado observando o jogo de fora. Ele é parte de todas as pessoas, assim como parte de todas as ações, tanto boas quanto más. É mais difícil imaginar Deus dessa forma, mas acho que é a mais perto da verdade. Deus o está observando porque você é você. Quando você pensa algo, Deus também pensa. Quando você pega um doce do pote sem permissão, Deus também o faz.

Isso parece estranho?

Não achamos que Deus está pegando um doce do pote. Talvez devêssemos, pois a ideia de punir Deus sentado em seu trono é muito intimidante. Estar longe de Deus, com ele no céu, como a maioria acredita, é um desafio para milhões de pessoas que prefeririam acreditar em um Deus que age da mesma forma que alguns seres humanos que gostam de algumas coisas e desgostam de outras. Eu acho que Deus vê tudo e aceita tudo. É isso que faz com que ele seja Deus. Parte de você é justamente assim. Essa parte vê tudo sobre você e aceita tudo plenamente. Na sua vida espiritual você tentará cultivar essa sua parte, que é a sua alma. Não temerá alguém no céu julgando-o, porque você se verá como uma parte única da criação divina, consequentemente de um valor infinito. Você é tão importante para Deus quanto para si mesmo.

McDonald's no paraíso?

P: Há um McDonald's no paraíso?

R: Preciso lhe dizer que essa não foi uma pergunta que alguém já tenha me feito – li isso em um livro no aeroporto. Mas como foi uma pergunta feita por um adolescente, comecei a pensar sobre ela. E, para minha surpresa, preciso admitir que não respondi nem sim nem não. Muitas pessoas gostariam que a resposta fosse sim, porque elas pensam no paraíso como tendo todas as melhores coisas daqui da Terra e, para elas, um McDonald's (ou um Wendy's ou até mesmo um sorvete de casquinha) pertence ao paraíso.

Mas minha resposta é que o paraíso contém tudo que você quiser. Você pode achar difícil de acreditar, mas acho que todos encontram o paraíso de acordo com sua imaginação. O que seria o paraíso senão um lugar no qual os seus maiores prazeres se realizam? Deus não o força a gostar de uma ou outra coisa — a escolha é sua. Talvez você adore cachorro-quente e deteste peixe, enquanto outra pessoa qualquer tenha gostos opostos. O paraíso não é um lugar, um cenário definido. É a essência do amor de Deus. E acredito que essa essência possa tomar qualquer forma. É por isso que toda mãe vê seu bebê como um bonito bebê, porque a essência do amor está presente em seu bebê. O paraíso para cada um de nós ganhará a forma que traga o que gostamos e o que vemos como perfeição.

Deus gosta de mim?

P: Como sei se Deus me ama? Há muitas vezes que eu não gosto de mim.

R: É uma questão delicada, pois todos passam por momentos em que não gostam de si mesmos. É conveniente pensarmos que ao menos Deus goste de nós, mas então há uma partícula de dúvida. Afinal de contas, se ele me conhecer mais do que eu conheço a mim mesmo, talvez ele não goste de mim nem um pouco. Talvez ele tenha assinalado uma lista de meus defeitos e eu simplesmente não mereça tanto amor assim. Acho que você deveria deixar essa preocupação de lado. Deus existe da mesma forma que sua alma. Ambos são feitos da mesma coisa, que é o puro amor. Jamais depreciaria alguém por ter uma noção diferente de Deus. Talvez para essas pessoas Deus fique sentado e decida quem merece amor e quem não merece.

Mas por milhares de anos os espiritualistas disseram: "O amor deve vir de algum lugar. É como um sentimento de poder na Terra que parece vir de Deus." Você vai vivenciar momentos de intenso amor em sua vida, e então a ideia de amor divino fará sentido. Sentirá em seu coração que terá tocado o amor de Deus ou que ele o está tocando. Sem uma experiência como essa, imagino que toda a questão seja um tanto teórica. O amor divino é vazio até que tenha sido sentido. Mas continue acreditando no amor vindo de onde quer que seja, e um dia tenho certeza de que você terá uma experiência assim. Ela existe em toda parte, esperando ser reconhecida.

Esperando por Deus

P: Algumas pessoas não ficam esperando por Deus a vida toda e jamais o encontram?

R: Sim. Mas imagine que você vai a um jogo de beisebol e encontra alguém uniformizado sentado na arquibancada. Essa pessoa diz: "Quero ser um bom jogador de beisebol, logo estou sentado aqui esperando que isso aconteça." Essa atitude não faz o menor sentido. Você pode sentar ao lado e esperar. É bom se a pessoa quiser ser um espectador, mas não se ela quiser jogar. Deus é criação pura. Ele é o jogo, e muitos diriam que ele é brincadeira pura. Se a pessoa sentar e esperar, assim fará Deus também. Mas se a pessoa entrar no jogo, logo cada dia trará uma chance de encontrar Deus. Deus está na próxima grande ideia que você terá, na próxima explosão de alegria, na próxima coisa da qual você de repente gostará, seja lá o que for. Deus está na essência de todas as coisas, e não na superfície. Logo, se a pessoa mergulhar fundo em uma experiência qualquer que ame, finalmente seu amor a levará para o lugar onde ela encontrará a fonte do amor, que é Deus.

Como é Deus?

P: Vi quadros que supostamente são a imagem verdadeira de Deus. Deus é assim como pintam?

R: Deus aparece em milhões de imagens através dos séculos. Apesar de muitas pessoas crerem em uma imagem de Deus como um pai adorável (normalmente com uma barba branca), há igualmente adoráveis imagens de Deus como uma mãe. Mas todas são imagens humanas. Sua questão poderia ser formulada de outro jeito: Como é o amor? O amor não tem uma face, e não esperamos que tenha. O amor pode estar em um pôr do sol, no sorriso de uma mãe ou em um belo sentimento. Também não é possível registrar Deus em imagens, mas tentamos sempre porque é uma forma de registrar adoração e reverência. Aprecie as imagens que o atraem, mas tenha em mente que uma única imagem jamais corresponderá à realidade.

Deus é uma superstição?

P: Qual a diferença entre acreditar em Deus e acreditar em uma superstição como sexta-feira 13?

R: Uma superstição se esvai rapidamente quando testada. Há diversas sextas-feiras 13 em um ano, e não acontecem mais coisas ruins nela do que em outro dia qualquer. As pessoas que convivem com gatos pretos não são mais azaradas do que as que não o fazem. Já foi dito que Deus era uma superstição. Quando a ciência estava fazendo seus maiores progressos, lá pelos tempos de Einstein, muitas pessoas acreditavam que Deus não sobreviveria à visão científica do mundo, já que a ciência lida com coisas visíveis e palpáveis. Mas Deus sobreviveu, e o próprio Einstein acreditava que a coisa mais fascinante que ele poderia fazer com sua própria vida era ficar tentando desvendar os planos de Deus.

Vejo isso como uma bela atitude. Quanto mais se observa a inteligência divina do universo, mais aparecem evidências de coisas sustentadas por Deus: criatividade, onipresença, infinitude e eternidade. A ciência encontra tudo isso no cosmo, assim como outras qualidades de Deus — amor, verdade, compaixão, prazer — são legados para as buscas individuais, seguindo nosso coração enquanto vivemos. É para essa grande jornada da alma que acredito que todos nós nascemos.

Passaporte para o céu

P: Não acredito em Deus. Ainda assim poderei ir para o céu?

R: Não há quem possa responder a isso com certeza, mas você trouxe uma questão realmente importante. Acreditar em Deus poderia ou não ser um passaporte para o céu. Da mesma forma que não acreditar em Deus poderia impedi-lo de entrar no céu, ou não. Deus, entretanto, é mais do que um passaporte para a pessoa ir para um lugar melhor após a morte. Deus faz parte da pessoa através de sua alma, e quando a pessoa explora essa parte dela diariamente, de forma singela, agrega valor à sua vida. A vida é beneficiada pela conquista do conhecimento da alma. O que acontece mais tarde sempre será uma incógnita. Mas, se a pessoa usar Deus como um passaporte para o céu apenas, estará perdendo muito aqui e agora.

Vida após a morte

P: Você pessoalmente acredita que há vida após a morte? Tenho medo de morrer e receio desaparecer para sempre.

R: Quando eu era um adolescente, me sentia exatamente assim. Para muitas pessoas essa é a fase da vida na qual mais se teme a morte. É a época em que as respostas dadas às crianças não funcionam mais. Isso acontece porque você começa a pensar em si mesmo mais a fundo. E espero que continue. Conheci muitos adultos que "têm certeza" de que a morte é o fim de tudo ou alguns que "têm certeza" de que há vida após a morte.

Eu não tenho certeza.

Apenas posso dizer que particularmente vejo todas as evidências a favor da vida após a morte. O universo inteiro demonstra inteligência, força e organização. A vida é marcada por uma infinita força criativa. A morte ocupa um lugar de honra nesse esquema. Cada átomo que tenha existido no corpo de qualquer ser é parte da minha vida atual. Cada vez que inspiro, absorvo milhões de átomos de alguém que viveu antes de mim. Meu alimento vem da terra, cuja fertilidade é diretamente ligada a formas de vidas passadas.

A morte não é sua inimiga

Isso significa que a morte não é inimiga da vida. Ela está a serviço da vida. Ela equilibra a criação para que o universo não caia em total estagnação. Se as estrelas não morressem, se as plantas não se decompusessem, se eras inteiras não tivessem nascido e morrido, você não estaria aqui lendo essa página. Todo o seu corpo depende da morte, uma vez que milhões de células morrem diariamente para que mais tecidos sejam criados (se olhar para o lixo que foi varrido de uma casa, veria que quase a metade dele é composta de células epitélicas que se soltam das pessoas).

A natureza, portanto, está de bem com a morte. Por que nós não estamos? Temos medo de ver nosso corpo envelhecer e chegar ao fim. Assumimos então o medo de que nossa individualidade acabe, e talvez nossa identidade. O que funcionou para mim foi não deixar de questionar sobre essas possibilidades e em vez disso, não dar bola para o medo. Quando Sócrates estava prestes a morrer, tendo bebido o veneno de acordo com a condenação dos juízes de Atenas, seus seguidores sofriam ao pensar que um filósofo tão grandioso e um homem inocente pudesse morrer. Mas Sócrates estava surpreendentemente calmo. Ele disse que havia galgado cada dia um pequeno degrau em direção à morte. Por que o último deveria amedrontá-lo?

Não sei se Sócrates tinha uma resposta para a sua pergunta, mas ele encontrou uma forma de acabar com o medo. A vida e a morte andam juntas e não se deve ter medo de fazer o percurso delas. A pessoa adquire força e inteligência à medida que amadurece. Todos os tipos de medos irão desaparecer, e um dia você sentirá, do fundo do coração, que construiu uma fé profunda sobre essas coisas. Quanto mais perto uma pessoa fica de sua essência, que é a força pura e a inteligência, é mais fácil acreditar que a vida é eterna. Com essa certeza compreenderá que a vida após a morte não é importante. A vida e a morte são importantes juntas, aqui e agora.

O inferno existe?

P: Cheguei à conclusão de que algumas religiões não acreditam na existência de um inferno após a morte. Mas se o inferno for real, todas as pessoas que vão para lá são más?

R: A existência de céu e inferno nem sempre foi constante através dos séculos. Através da história muitos santos e sábios tiveram a visão de ambos, mas é claro que ninguém pode saber com certeza se um dos dois existe. (É interessante que, quando as pessoas passam por experiências de quase morte, como ter sido ressuscitadas após um ataque cardíaco, frequentemente falam de terem sido transportadas por uma luz branca. Em quase todos os casos essa luz é como se fosse uma luz de amor que conduz ao céu. Apenas um percentual mínimo fala de terem sentido o inferno.)

O drama do demônio

O inferno é muito dramático, com suas chamas de fogo e demônios. Mas lembre-se de que são apenas imagens e, na maioria das vezes provenientes da mente de artistas. Medo e punição após a morte estavam na maior parte dos ensinamentos religiosos em muitos países. Não acho que devesse ser assim, contudo, sempre que conheci pessoas que deixaram de temer o inferno, sinto mais fortalecida a ideia de que a espiritualidade baseada no amor é mais lucrativa do que a baseada no medo. É bem mais importante tentar amenizar o imenso sofrimento trazido pela violência, crime, fome, doença e pobreza pelo mundo afora. As vítimas dessas coisas terríveis já vivem numa espécie de inferno do qual podemos ajudá-las a escapar. Prefira se empenhar em criar um momento de céu para alguém aqui na Terra do que se preocupar com coisas que jamais serão provadas.

Como ver um anjo

P: Adoro anjos e me pergunto se há como ver um. Li que em muitas culturas, milhões de vezes, anjos apareceram. Isso ainda é possível?

R: Seria maravilhoso se houvesse anjos da guarda como há observadores de pássaros. Mas parece que os anjos surgem apenas na hora certa e nada mais. Conheci pessoas que me disseram que receberam a visita de um anjo. Ninguém, pelo que eu saiba, na verdade, esteve frente a frente com um. Ele apenas apareceu, mas havia sempre algum tipo de mensagem importante – a realização de um desejo ou uma cura – que a pessoa recebia. Você já deve saber que a palavra *anjo* vem do termo grego que designa *mensageiro*. Deve ser o sinal mais importante de como alguém pode ver um anjo. Quando a pessoa precisa de uma mensagem da alma, um anjo às vezes pode trazê-la. Sua alma, entretanto, tem muitas outras mensagens para você, então, não espere por um anjo, fique você mesmo atento. Seja seu próprio anjo e descubra o que sua alma quer lhe dizer.

Anjos da guarda

P: O que faz meu anjo da guarda? Posso me conectar com ele?

R: Algumas pessoas sentem como se estivessem muito conectadas a um anjo da guarda. Sentem uma presença que as protege e as guia quando precisam. O anjo da guarda delas não é uma pessoa, é mais como uma voz interior que diz: "Faça essa escolha, é melhor para você." Logo, quando essas pessoas resistem e não fazem o que sabem que é ruim, dão o crédito ao anjo da guarda que as mostrou como fazer a escolha certa.

Você também consegue se conectar com seu anjo da guarda assim? Eu não duvidaria disso, pois as pessoas são capazes de ser sensíveis de todas as formas — um dia, pode ser que você perceba uma presença que o guie e o proteja. Em minha opinião, é ainda mais importante sentir a presença de sua natureza interior. Você já esteve em uma situação de perigo da qual escapou sem saber como? Talvez quase tenha se envolvido em um acidente de carro, sem pensar, ou tenha parado na beira da rua em frente a um ônibus. Na hora h você se desviou ou pulou fora. As pessoas que acreditam em anjo da guarda diriam que foi ele que as protegeu, mas é mais válido afirmar que todos vemos e sentimos mais do que nos damos conta. Alguma parte de nós vê além dos nossos cinco sentidos. Pode ser que conscientemente você não tenha visto o motorista inconsequente que se aproximava no ônibus, mas alguma parte sua o fez. Não importa que chame isso de anjo ou de seu sentido mais apurado. O que importa é acreditar que tem um eu mais elevado que sabe muito sobre a vida e que quer se conectar com você.

Eu verei Deus?

P: Quando morrer, verei Deus pessoalmente?

R: A promessa de que veremos Deus quando morrermos é uma fonte de grande conforto e alegria para muita gente. Alguém pode confirmar isso? Acredito que seja uma questão de fé e, de acordo com minha experiência, o que você acredita, acredita muito profundamente, normalmente se torna realidade.

A verdade sobre Deus

P: O que devo responder quando outros jovens disserem que tudo que há na Bíblia é verdadeiro?

R: Você quer responder de forma inteligente e não ofendê-los, já que argumentar sobre a religião dos outros nunca termina bem. Concorde que a Bíblia é uma forma usada para expressar a verdade sobre Deus. Mas não é a única verdade, pois há centenas de escrituras que contêm também as mesmas verdades expressadas de outras formas. Se todos respeitassem a fé alheia, o mundo estaria a salvo de um monte de violência e guerras. Caso seus amigos tentem argumentar que apenas uma fé e uma escritura é a certa, não se intimide. Eles estarão reforçando a intolerância histórica que trouxe misérias imensas aos seres humanos. Você pode continuar a tê-los como amigos, sem ter a mesma opinião. Nesse caso, se não discutir, estará colaborando para a paz mundial.

Dar a outra face

P: Dar a outra face significa que, se alguém me ferir uma vez, devo permitir que o faça de novo? Tenho muita dificuldade nisso. Meu ímpeto natural é revidar.

R: Dar a outra face significa não usar violência contra a violência. É normal quando alguém é ferido ter o impulso de revidar. É a reação natural das criancinhas, e muitas pessoas crescem fazendo grande sacrifício para superar isso quando adultas. As nações lutam porque os valores espirituais contra a violência não foram aprofundados. Não é necessário deixar que lhe firam uma segunda vez. Ninguém deseja que você seja uma vítima. Mas, se puder aprender a resistir ao impulso de revidar, será uma das pessoas pacíficas do mundo. Qualquer um pode se tornar pacífico um dia e você pode ser essa pessoa a partir de hoje.

Medo de Deus?

P: **Se Deus nos punirá por sermos maus, não deveríamos ter medo dele? Sinto muito medo de Deus, mesmo sabendo que eu deveria amá-lo.**

R: Sentir medo de Deus está diretamente relacionado à questão da noção do pecado. Vendo Deus como alguém que pune, é apenas natural sentir medo. Como a maioria das pessoas acredita que são pecadores, isso faz com que o medo de Deus seja quase inevitável. Acredito que não há absolutamente razão alguma para haver um Deus que pune. Você pode ter Deus como seu consolador, protetor, melhor amigo, alma gêmea, pai divino ou mãe divina – há muitas faces de Deus, sem ser necessário olhar para ele como alguém zangado ou como uma divindade que pune.

POSTSCRIPT

Para todo o sempre

Quando menino na Índia, frequentei uma escola administrada pelos Irmãos Christian. Eu mesmo não era cristão; assim como a maioria da minha turma. Mas nossos professores eram. Muitos, pelo que me lembro, vieram da Irlanda, um lugar distante o qual jamais poderia imaginar visitar.

Então, lá estava eu, um menininho moreno, aprendendo as orações dos católicos muito devotos e muito pálidos. Eu tinha de baixar a cabeça e murmurar aquelas palavras familiares: "Por ti é o reino, o poder e a glória, para todo o sempre. Amém."

Belas palavras, mas eu acreditava nelas? Bem, o Partido Unido não foi vencedor porque em 1945, um pouco antes de eu nascer, a Índia se tornou livre de um rei inglês. "O poder e a glória" fracassaram. Demorou 25 anos, mas afinal vim a perceber que a melhor forma de vivermos nossas vidas é ir atrás do poder e da glória que estão presentes em qualquer lugar do universo.

O que faz permanecer as quatro últimas palavras: "para todo o sempre".

Elas sustentam a eternidade, e a eternidade é o maior conceito que qualquer um gostaria de explorar. Aqui estamos nós, eu e você, no final de uma jornada, bem mais longe do que os olhos podem ver, a eternidade se expande, na imensidão à nossa frente e atrás de nós. O que significa que nem mesmo estamos no fim da nossa jornada. Não importa o quão jovem a pessoa é, ela tem a eternidade pela frente. Não importa o quão idosos, vocês têm a eternidade pela frente. A eternidade é a grande equalizadora. Não é seu grau de bondade ou maldade que o fará igual aos olhos de Deus, mas sobretudo o quanto você se aprofundou na eternidade.

A eternidade é a escola da vida. Mesmo se acreditarmos que a vida começou há apenas dois bilhões de anos na Terra, mesmo se acreditarmos que o universo nasceu há 15 bilhões de anos no Big Bang, a eternidade não é abalada. O tempo desaparece no nível mais profundo da natureza. Resta apenas a eternidade quando a questão da energia tiver acabado! O milagre é que você pode visitar esse lugar infinito. Convido-o a ir lá comigo — com todos que quiserem vir também.

Minha última palavra para você é que você merece a eternidade, e merece o poder e a glória que vêm com ela. Todos os três existem aqui e agora. Não há o que esperar. Você tem tudo de que precisa para a viagem:

Você pensa.

Você sente.

Você faz.

Direcione essas coisas diárias para o horizonte mais distante de seus sonhos mais profundos e logo estará na busca da eternidade. Olhe para mim. Estarei bem diante de você ou, talvez, bem atrás. Reconheceremo-nos um ao outro a qualquer momento.

Somos as pessoas que ainda temos a eternidade para seguir.

Este livro foi impresso na Editora JPA Ltda.,
Av. Brasil, 10.600 – Rio de Janeiro – RJ,
para a Editora Rocco Ltda.